U0112613

项目管理基础

Fundamentals of
Project
Management 第五版

非项目经理人如何提升项目成功率

Joseph Heagney

[英]
约瑟芬·希格尼

著

聂亚舫

译

九州出版社
JIUZHOUPRESS

第五版前言

本书第四版出版四年以来，项目管理领域的重要指标有的已经发生变化，有的一任其旧。根据项目管理协会（Project Management Institute，PMI®）最近发布的《职业脉搏调查》（*Pulse of the Profession*）报告，2012 年至 2015 年，项目成功率（实现目标）保持不变，仍为 64%。然而，现今的高绩效组织开始关注促进项目成功的文化、人才及过程的基础层面。这些组织推动项目管理，实现最初项目目标及商业意图的成功率比低绩效组织高出 2.5 倍。这份报告传达的信息十分明确：回归基本，为未来的项目成功打下基础。第五版《项目管理基础》是一个出色的工具，帮你打下项目管理基础，继续让有志者成长为一个项目管理专业老手。

这一版增加了两章内容。2013 年，第五版《项目管理知识体系指南》（*Project Management Body of Knowledge*，PMBOK®指南）增加了一个新的知识领域，即干系人管理，因此，本书也新加了第 4 章"将干系人管理纳入项目规划过程"。想一想，你的项目历经生命周期达到成熟期间，有多少人、多少团体提供帮助。再想一想，他们中有多少人受到你项目可交付成果的影响。这些人和团体就称作"干系人"。你有识别干系人吗？从项目启动到项目收尾，你有对他们进行管理吗？这一章介绍了干系人互动与管理的最佳实践、工具及技术。

第 15 章"项目收尾"也是新增的一章。项目收尾是项目管理的最后一个过程。就我多年的观察，一些极为成功的项目经理其他环节都做得非常好，只有项目收尾是个例外。我将这一项目阶段称作"隐形过程"，因为在培训与实践中常被忽略。这章强调所有项目经理在项目收尾时都需要"纪律"，强调尽可能仔细地完成项目收尾任务，就像完成时程或预算任务一样仔细，这一章还介绍了详尽、高效的项目收尾工具。

这一版还做了大量别的修改。首先最重要的是整体做了更新和修改，完全与 PMBOK® 指南第五版保持一致。

新版做的改进还包括扩充了第 6 章，旧版这一章的标题是"制定项目风险计划"，修改后将重点放在制定你自己的沟通计划，还给出了一个可根据需要调整的模板，对任何大中型项目的项目经理来说，制定沟通计划都是必要的。

此外，第 7 章"利用工作分解结构规划项目"也做了不少扩充，添加了项目估计的内容。没有估计，你基本上就等于在荒野中乱窜。这一章介绍了多种工具，可帮你在荒野中导航，在规划项目时提供可靠的估计。这章另一个关注点是项目采购管理基础。

我认为项目管理是终极商业悖论。项目基础工具从未真正发生改变，但是如何使用这些工具获得项目成功的微妙之处，却一直在变，在适应新的时代，它必须随着技术进步、职场人口结构、全球性覆盖，甚至是经济波动等因素做出调整。成功的项目管理是个巨大的挑战，而且绝不会乏味无趣，这也是选择它作为职业的原因。这次的新版《项目管理基础》包含经过时间考验的工具，也包含让你跟上当今职业要求的信息。阅读过程中，要提醒自己：向过去学习，同时展望未来。

约瑟芬·希格尼

目 录

第五版前言 / i

第 1 章　项目管理概述 / 1

第 2 章　项目经理的角色 / 31

第 3 章　项目规划 / 41

第 4 章　将干系人管理纳入项目规划过程 / 57

第 5 章　制定项目的使命、愿景及目标 / 73

第 6 章　确定项目风险及沟通计划 / 87

第 7 章　利用工作分解结构规划项目 / 105

第 8 章　项目工作时程 / 129

第 9 章　制定一个可行的时程 / 143

第 10 章　项目控制及评估 / 165

第 11 章　变更控制过程 / 181

第 12 章　利用挣值分析控制项目 / 199

第 13 章　管理项目团队 / 219

第 14 章　作为领导者的项目经理 / 235

第 15 章　项目收尾 / 251

第 16 章　如何在你的公司有效实施项目管理 / 265

练习参考答案 / 273

项目管理基础
Fundamentals of Project Management

第 1 章　项目管理概述

所以，不就是项目管理吗，值得大动干戈写一本书？本书 1997 年出版第一版以来，项目管理协会（Project Management Institute，PMI）的会员数量已经从几千人，增加到 2015 年的将近 46.2 万人。可能有人不是很清楚，所以还是解释一下：PMI 是项目管理者的专业组织，了解更多信息可浏览 PMI 官网 www.pmi.org。除了提供多种会员服务之外，PMI 的一个主要目标是提升项目管理的专业度。为实现这一目标，PMI 建立了"项目管理专业人士"（Project Management Professional，PMP®）资格认证体系，要获得这一认证，必须具备工作经验（大约 5000 个小时），并通过一个在线考试，考试教材是《项目管理知识体系指南》（*Project Management Body of Knowledge*，PMBOK® 指南）。

为何要专为项目管理成立一个专业协会？项目管理不就是一般管理的一个变种吗？

这种说法也对也不对。两者有许多相似之处，但是也存在差异，而且差异之大，足以将项目管理当作一个有别于一般管理的学科。其中一个差别是，项目的日程比一般管理者处理的大多数活动都要更加密集。另外，项目团队的成员常常不是直接向项目经理汇报，而是向最一般的管理者报告。

所以，什么是项目管理，项目又是什么呢？PMI将项目定义为"为创造一个独特的产品、服务或结果所做的临时性努力"。这意味着项目是一次性的，如果重复就不能称作项目。项目应该有确切的起点与终点（时间，time）、预算（成本，cost）、明确界定的工作范围（scope）或范畴，以及必须满足的具体质量（performance）要求。我之所以说"项目应该有……"，是因为很少有项目严格符合这一理想化的定义。后面的章节中，上述四个约束条件将被简称为PCTS（质量、成本、时间、范围）目标。

已故的质量管理学大师约瑟夫·朱兰（J. M. Juran）博士，同样将项目定义为"待解决的问题"。我很喜欢这个定义，因为它时刻提醒着我每个项目都是要为公司解决某些问题。不过，必须要指出的是，"问题"这个词常常是贬义的，可项目不仅解决"负面"问题，也解决"正面"问题。例如，开发新产品也是一个问题，不过是一个正面的问题，而环境清理项目则是处理负面问题。

项目失败

目前关于项目管理成功率的研究，结果不尽相同。斯坦迪什集团（Standish Group）发布的《混沌》（*Chaos*）报告称，软件开发项目的成功率是 29%，52% 未完全达成目标，19% 失败。需要指出的是，该报告规定的成功标准已"与时俱进"，也就是在预算内按时完成，而且结果达标。2011 年以后发布的报告显示，软件开发成功率基本保持不变。报告还强调称，相比大型项目，小型项目的成功率更高。IT 研究及咨询公司高德纳（Gartner）最近发布的报告也得出类似的结论，即大型项目（即预算超过 100 万美元的项目）的失败率较高，在 28% 上下浮动。

最有说服力的还是 PMI 最近发布的数据。PMI 一直持续观测项目、项目集及项目组合管理的状态。他们 2015 年发布的研究《职业脉搏调查》显示了一些积极的趋势，但是，项目成功率依然持平，自 2012 年以来，成功率一直保持在 64% 的水平。那么如何才能提高成功率呢？ PMI 的建议是回归基本，他们归纳了三个基础领域：

- 文化，即建立一套项目管理的理念。
- 人才，即专注于人才管理、持续培训以及正式知识的迁移。

• 过程，即通过建立和采用标准化的项目实践和过程支持项目管理。

基于 28 年的项目管理、最佳实践识别、项目咨询及培训的经验，我的看法是"万变不离其宗"。再怎么事先规划都不够，无论大项目还是小项目，无论是软件项目，还是研发项目，或者行政管理项目，成功的项目都有赖于良好的规划。太多项目经理为了快速完成一个项目，就采用"先开枪，再瞄准"的方法。许多组织则没有留给项目经理充足的规划时间，甚至完全不给规划时间，结果通常是花费更多时间和努力来修正错误、安抚不满意的干系人以及退出死胡同，简单来说就是规划不足导致项目失败。

PMI 的调查报告称："组织应重温项目管理的基础，并最终回归基本。"我无比同意这一说法。广大读者们，你们必须打好基础，理解本书阐述的这些基本知识，才能在推进并管理项目时获得进步与成功。

什么是项目管理

PMBOK® 指南对项目管理的定义是："在项目活动中运用知识、技能、工具及技术，达成项目要求。项目管理需运用并组合 47 个项目管理过程，它们依逻辑可归入 5 个过程组：启动、规划、执行、监控和控制、收尾。"

新的 PMBOK® 指南增加了五个新的项目管理过程，即：

- 规划范围管理
- 规划时程管理
- 规划成本管理
- 规划干系人管理
- 控制干系人管理

这一修改意在强调项目团队在管理之前务必进行规划。为了强调让项目干系人适当参与关键决策和活动的重要性，所以在原本九个知识领域的基础上，又新增了"项目干系人管理"，"规划干系人管理"和"控制干系人管理"就是该知识领域下的两个项目管理过程。

项目要求即前述 PCTS 目标。本章后面部分将阐述启动、规划等过程，本书的大部分内容都将解释如何完成这些过程。

PMBOK® 指南若明确指出"项目经理应促成规划"就更好了。欠缺经验的项目经理常犯的一个错误是，替整个团队制定规划，这样制定出的规划不仅不能获得认同，还常常漏洞百出。项目经理不可能面面俱到，比如他们对任务所需时间的估计可能错误，一旦项目启动就会纰漏不断。项目管理的第一条准则就是：真正做事的人务必参与规划。

项目经理的角色应该是"赋能者"，也就是帮助团队完成工作，为团队"做好后勤"，为团队成员获取必需的稀缺资源，为他们屏蔽外力干扰。项目经理首先应是一个名副其实的"领导者"，不应是一个"皇帝"。

目力所及，我认为万斯·帕卡德（Vance Packard）给"领导"所下的定义堪称最佳。他在《金字塔攀登者》（*The Pyramid Climbers*,）一书中写道："领导是一门艺术，是让他人心甘情愿地去做你认为应该做的事。"这里的关键词是"心甘情愿"，独裁者也能指使他人做事，狱警能监督犯人干活，可是，领导者是让人心甘情愿做事，这中间差别很大。

项目工作的规划、排时程以及控制属于管理或行政的部分。但是，如果没有领导力，项目只能达成最低要求。有了领导力之后，就能达成更多要求。我在第 14 章深入阐述了运用项目领导力的技术。

不止排时程

关于项目管理，有一个很常见的误解，也就是项目管理只是排定时程。微软最新财报显示，其项目管理软件 Microsoft Project 的销售数量极为可观，可是项目失败率依然高企。毫无疑问，排时程是管理项目的一个重要工具，但是远不及明晰项目目标或做好工作分解结构（work breakdown structure, WBS）来得重要，创建 WBS 需识别所有待完成的工作（第 7 章将讨论 WBS）。事实上，没有好的项目管理，一份详细的时程表，只不过是一份准确记录项目失败的回忆录罢了！

关于时程软件，我还想再多说几句。你选择哪个软件并不重要，因为每个软件都有各自的优缺点。可是，目前常见的做法是，把一个软件丢给相关人员后，就指望他们能无师自通，学会如何使用。这绝对是行不通的。时程软件的特点是，大多数人不能靠自学掌握其微妙之处。他们还要做分内的常规工作，自学时间不多，而且也不是每个人都擅长自学。你不可能让一个毫无经验的新人，不经培训就去工厂操作一台复杂的机器，因为你知道后果肯定是搞坏设备，或者新人伤到自己。软件也是同理。

突然成为项目经理

你是否经历过这样的事：突然被派去管理一个项目，可是没有"项目经理"这个头衔，也没给你提供太多支持？你是否认为自己是项目经理，而且你一个人就是一个项目团队？遇到这种事的不止你一个人。越来越多人管理的内容符合 PMBOK® 指南对项目的定义，也就是"为创造一个独特的产品、服务或结果所做的临时性努力"，有最后期限，有待确定的工作范围，资源有限，预算通常是固定的。尽管不那么正式，也不需要项目团队，但这些项目必须经过规划、排定时程并进行控制。必须交付一个优秀／可接受的项目产品，客户应该赞赏有加，或者至少是满意的。

我为美国管理协会（国际）主持过一门研讨课，名为"非项目经理的项目管理要点"，非常受欢迎，在非传统项目经理、主题专家、发起人以及项目贡献人中引发巨大反响。学员通常包括销售经理、行政人员、市场经理以及采购专员等。似乎每个人都会或多或少涉入某些项目。这些学员不是传统意义上的项目经理，但是必须管理项目。项目管理工具有帮助，可我总是跟学员说，大家使用的项目工具都一样，要发挥其价值，关键在于如何使用。

首先要进行评估：你是否受限于工作范围、成本以及有限资源？是否有最后期限？如果答案是肯定的，那么就可以当作一个项目来管理，明确什么样的项目工具合适。例如，限期两周的项目所需的项目管理应用工具比限期 50 周的项目要少得多，应根据项目的长度、宽度、深度和广度来精简或增加管理方法。

一个很大的陷阱：边做边管的项目经理

有一种情况很常见：一个人既是项目经理，同时也需要承担部分具体的项目工作。这势必引发一系列问题。如果是一个真正的由几个人组成的团队，那么，到最后项目经理必然分兼两职，既从事管理，也要完成分给他的工作。他自然要将工作摆在第一位，否则进度就会跟不上，所以他选择完成工作，这就意味着他会疏于管理，他希望团队能自我管理，可是这绝无可能。毕竟，如果一个团队能自我管理，那从一开始就不需要项目经理了。（还记不记得我们关于项目管理是否重要的讨论？）

不幸的是，到了绩效评估时，他就会挨批：你在管理方面还有待改进。实际上，他只是需要从一开始就专心于项目管理工作。

是的，对于一个只有三四个人的团队来说，项目经理可以分担一些工作。可是，随着团队人数增加，分兼两职就力不从心了，因为团队成员总是会有各种问题需要你去处理，让你无法完成分摊的工作。

造成这种窘境的一个原因是：组织没有完全理解项目经理的含义，他们认为一个人可以分兼两职。导致的结果就是公司里的每一个人都开始尝试管理项目，可有些人擅长项目管理，有些人就是没有这方面的细胞，实际上每个领域都是如此。我发现更好的做法是：选择一小部分有能力且有意愿做项目经理的人，让他们管理一些小的项目，这就能让"技术"人员（广义的技术人员）从事具体的技术工作，而不必担心行政问题，也可以让项目经理真正做好管理工作。

如何选择项目经理不在本书的讨论范围之内，对这个问题感兴趣的读者可以参阅罗伯特·维索茨基（Robert K. Wysocki）和詹姆斯·刘易斯（James P. Lewis）合著的《世界级的项目经理》（*The World-Class Project Manager*）。

不能全要！

导致项目失败的一个常见原因是：项目发起人要求项目经理必须在一定时间内，在预算范围内按照规定的质量标准完成给定范围内的工作，换句话说，发起人对项目的四个约束条件都做出了规定，这是强人所难。

质量、成本、时间和范围这四个约束条件的关系可以用下面这个函数来表示：

$$C = f(x)\ (P,\ T,\ S)$$

用文字来表述就是，成本（C）是质量（P）、时间（T）和范围（S）的函数。如果用图像来表示，我想用三角形来进行说明，P、C、T 代表三角形的三条边，S 就是其面积，如图 1-1 所示。

学过几何的都知道，给定三角形的三条边，就能计算其面积。或者，如果我们知道了面积及两条边长，那么我们就能计算第三条边的长度。应用在项目管理上就可以得到一个非常实际的准则：发起人可以规定其中三个变量，但是剩下的第四个变量必须由项目经理来确定。

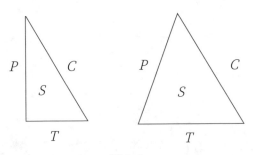

图 1-1
用三角形来表示 P、T、C、S 之间的关系

打个比方，发起人如果规定了一个项目的质量、时间和范围要求，那么需要多高的成本才能达成这些要求，就必须由项目经理来确定。不过，我常常提醒项目经理一件事：你向发起人报告成本时，最好请一个医生站在旁边，因为她听完那个数字很可能会中风或心脏病发作。

发起人无一例外会大惊失色说："怎么会要这么多钱？"发起人自己心里有个数字，可是你给出的数字肯定比那个数字高，接下来发起人可能会说："如果成本这么高，那我们觉得项目可行性就有问题了。"是的，这绝对是发起人会说的话。可是，她也绝对会跟你讨价还价，让你接受一个较低的成本，如果你接受了，那么结果就已注定：你，以及她，之后都将栽个大跟头。

你的责任是给发起人一个合理的成本，发起人据此做出一个合理的决定，也就是这个项目还应不应该做。如果你经不住吓，接受了较低的成本，那就做好准备迎接灾难吧，你还不如早死早超生，比日后受尽折磨要好得多。

当然，你还有另一种选择。如果发起人说成本就这么多，你可以提议减少工作范围。如果你提出的范围可行，那么项目就能继续下去。如果不行，你最好忘掉这个项目，为公司做点其他能赚钱的事。正所谓，项目出错是必然，项目一帆风顺才是偶然，成本评估也是如此：项目超出预算的可能性更高，而不是相反。这其实是墨菲定律的另一种表述，墨菲定律的原话是：只要可能出错，就一定会出错。

项目阶段

关于项目生命周期的阶段划分，有许多不同的模型。其中一个模型概括了项目管理不善时所经历的阶段，极其常见，如图1-2所示。

这张图我给无数人看过，每个人看完都笑着说"真的，太准确了"，无一例外，这让我稍感"安慰"，因为由此可见，不止我们美国人会遇到图里提到的这些问题，但可悲的是，人人都对这个模型心有戚戚焉，表明项目出错非常普遍。

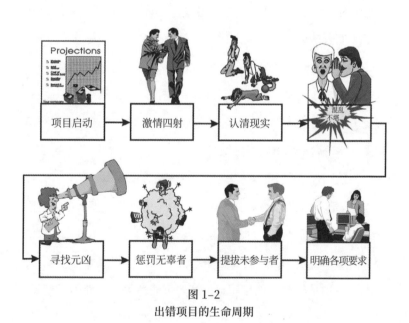

图 1-2
出错项目的生命周期

最简单的划分是将项目分为开头、中间及结尾。就我个人而言，我更偏爱图 1-3 所示的生命周期模型，但有效的模型不止这一个。按照图 1-3 这个模型，每个项目都是从一个概念开始，这个概念往往是"模糊的"，接下来，在开始各项工作之前，项目团队必须正式给出工作的定义。然而，由于"先开枪，再瞄准"的心态作祟，我们常常在没有适当地定义工作或者团队还有人不了解工作的使命和愿景之前，就已经开始具体工作。随着项目推进，这必然导致严重问题，后面会举例说明。

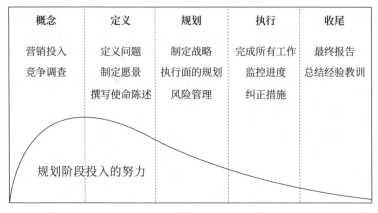

图 1-3
恰当的项目生命周期

定义

几年前，某个客户公司的项目经理打电话给我说："我刚和项目团队的关键成员开了个电话会议，发现我们对于项目目标没有达成共识。"

我非常肯定地跟他说这很普遍。

"我应该怎么办？"他问。

我跟他说：你别无选择，只有明确项目使命，才能让所有团队成员朝着同一个方向前进。他让我协助他开一次会，来解决这个问题。

开会时，我首先站在夹纸白板前说："我们先撰写一份问题陈述。"话刚说完，马上就有人反驳说："不用，我们都知道问题是什么。"

我不为所动，回说："好吧，如果是这样，那么就走个形式，也花不了几分钟，如果能写下来，将对我有所帮助，所以有人能帮忙起个头吗？"

一个人接话说："问题是……"我在白板上才刚写下这几个字，另一个人就跳出来说："我不同意！"上面这个描述可能稍有点夸张，但当时情形差不多就是这样。

结果整整花了三个小时，我们才终于写出一份问题陈述。

项目经理没说错，团队确实没有就"问题是什么"达成共识，更不用说如何解决问题了。明确问题是基础，但常常无法做到，我甚至开始想，是不是我们每个人都有个缺陷基因，导致我们无法坚持做到"先清楚定义问题，再开始具体工作"。请记住，项目管理要做的就是解决一个大型问题，你定义问题的方式将决定你解决问题的方式。如果你的定义错了，那么你可能得到一个正确的解决方案——但解决的问题却牛头不对马嘴！

事实上，我现在坚信项目很少会在收尾阶段功亏一篑，而是在定义阶段就已宣告失败。顾名思义，"定义"阶段处于项目早期，是定义问题、制定愿景、明确使命的阶段。我把没有清楚定义的项目称作"无头鸡项目"，一只鸡的头被砍掉后，会四处乱跑，鲜血喷涌，最后终于倒下，"正式"宣告死亡，没有清楚定义的项目也是如此，它们一路上"鲜血四溅"，最后终于有个人跳出来说，"我认为这个项目已经死翘翘。"这个时候项目确实是死翘翘了，但实际上，早在"头被砍掉"的那一刻，它就已经死了，只是我们还需要一段时间来确认。

项目被"定义"之后，你就能规划各项工作了。规划分为三个组成部分：战略、战术和后勤。战略就是各项工作须遵循的纵观全局的方法或"制胜之道"。我一个喜欢军事史的朋友曾给我讲过一个故事，下面我用这个故事来说明战略。

战略

战略阶段决定项目为达成要求将采用的高层次方法，一个典范案例是埃文代尔造船厂（Avondale Shipyard）。第二次世界大战期间，国防承包商需大量建造武器，所以面临巨大压力。特别地，为了加快舰船和飞机的建造速度，发明了许多新的组装方法。位于新奥尔良以北密西西比河的埃文代尔造船厂也开始尝试新的造船方法。传统的造船方法都是甲板顶面朝上的正造法，然而，钢质船船底的龙骨区需要焊接，船体正放时焊接非常困难。于是，埃文代尔造船厂决定采用反造法，也就是将船体倒过来使船底朝上的建造方法，这样焊接操作更容易，之后再将船体翻转，完成甲板以上的结构装配。这一战略十分有效，埃文代尔造船厂因此获得竞争优势，造船速度更快，成本更低，质量也更好。如今将近 70 年过去了，这一战略依然广为使用。

执行面的规划

项目的执行面规划阶段包括战术和后勤。如果你打算采用反造法造船，你必须搞清楚反造法造船的细节。例如必须建造一个能托住舰船的固定装置，确保翻转时不会受损。这就是所谓的制定战术。此外还包括确定工作顺序，由谁来完成，以及每个步骤花费的时间。

后勤则是确保团队的物资供应。通常来说，我们可能只需要给团队提供原材料，但是如果项目所在地无法获取食物，那项目马上会陷入停滞，所以必须喂饱团队成员，很可能还要为他们提供住宿。

执行和控制

一旦制定好规划并得到批准，团队就可以开始工作了。这就是项目的执行阶段，但这个阶段也同时包括控制，因为，执行规划时须监控进度，确保工作进度与规划保持一致。当项目偏离规划时，需采取纠正措施让项目重回正轨，如果无法纠正，就得修改规划，重新获得批准，修改后的规划成为新的进度参考标准。

收尾

所有工作都完成后，项目收尾阶段须对项目进行总结，目的是总结经验教训，供未来借鉴，可以问两个问题："我们哪些地方做得不错？""哪些地方有待改进？"

请注意，不要问我们哪些地方做错了，这个问题会让人产生防备心理，大家可能会有所隐瞒，避免受到惩罚。事实上，经验教训总结绝不应该采用责备与惩罚模式，如果你是想实施调查，那又另当别论。调查的目的往往是找出谁应该为重大事故负责，然后实施惩罚，而经验教训总结就应该是单纯地总结经验教训。

过去几年，我发现只有极少数的组织会例行总结项目经验教训，大家都不愿"自找麻烦"，只想开始下一个项目。可问题是，如果大家都不知道上一个项目哪里犯了错，不知道怎么犯的错，自然就不知道该如何避免，因此极有可能重蹈覆辙。但最重要的是，如果不总结，你甚至没法借鉴之前好的经验。

有人说过，能活下来并且活得很好的组织都是学习能力比竞争对手更强的组织，从项目角度看，这话尤其正确。

管理项目的步骤

项目管理的实际步骤其实简洁明了，但实施可能就不是那么回事了。图 1-4 列出了这些步骤。

本书接下来的章节将详细阐述如何完成每个步骤，本章将简短描叙一下大致框架。

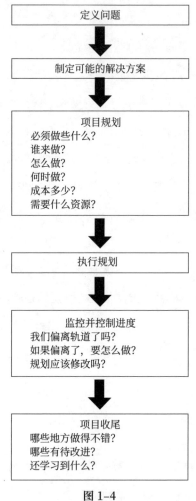

图 1-4
项目管理的步骤

定义问题

前面说了，你需要识别项目要解决的问题，这有助于明确理想的结果长什么样子。项目完成后，会发生哪些变化？你将看到什么，听到什么，尝到什么，碰到什么，闻到什么？（如果问题不能量化，就使用感官证据。）项目能满足客户的哪个需求？

制定可能的解决方案

你可以采用哪些不同的方法解决问题？针对不同的解决方案进行头脑风暴（你可以单独完成或者组队完成）。可用的解决方案中，你认为哪个是最好的？成本相比其他解决方案是多是少？将完全解决问题还是只解决部分问题？

项目规划

规划需回答以下问题：必须做些什么？谁来做？成本多少？如何完成？何时完成？很明显，回答这些问题通常都需要预测未来。我们将在第 2 章、第 3 章和第 5 章详细讨论这些步骤。

执行规划

显然，规划一旦制定，势必需要执行。有趣的是，我们有时候会发现人们花了很大力气制定规划，可是之后又不按照规划来做。如果制定了规划却不遵循，那制定规划有何意义？

监控并控制进度

定好规划就是迈出了成功的第一步，可是如果不监控进度，你就不能确保一定会成功。就好比确定了目的地后，手里明明拿着地图却不注意看沿路的高速公路标志。

当然，一旦发现偏离规划，你必须问自己如何才能重回正轨，如果无计可施，面对新的现实，应该如何修改规划？

项目收尾

一旦达成目标，项目就完成了，但是还有最后一个步骤。有人称之为审计，还有人称之为"验尸"（听着有点瘆人，有没有？）。可不论叫什么，重点都是总结经验教训。注意问题的措辞："哪些地方做得不错？""哪些有待改进？""额外学习到什么？"不论做的怎么样，我们总会有改进空间。可是，如果你的问题是："我们做错了什么？"那么，大家可能会产生一点防备心理，所以关注点应该是如何改进，而不是追责。后面会进一步阐述。

项目管理的知识体系（PMBOK® 指南）

项目管理协会尝试确定了一个高效项目经理需掌握的"极简"知识体系。我前面讲项目管理定义的时候说过，PMBOK® 指南定义了 5 个过程，加上 10 个一般性的知识领域，这里我将简单总结一下。如果你想要一份完整的资料，可以浏览 PMI 的网站。

项目过程

过程就是做事的方法。前面提过，PMBOK® 指南确定了管理项目的 5 个过程。尽管其中一些过程会在项目的某些阶段占据主导地位，但也可能随时都会用到。不过，一般来说，它们都是随着项目推进依次出现，也就是首先"启动"，接着"规划"，然后"执行"，以此类推。如果项目偏离轨道，就要重新规划，如果项目出现严重问题，可能就得全部推倒重来，再次"启动"。

启动

一旦决定上马一个项目，就必须启动或者开始。启动包含许多活动，其中一个是项目发起人制定项目章程，明确需要做些什么才能满足项目客户的要求。这是一个经常被组织忽略的正式过程。章程应授权项目工作，规定项目团队的职权、责任及问责机制，划定工作的范围界限。如果不制定这样的章程，那团队成员可能误解组织对他们的要求，可能因此付出巨大代价。

规划

项目失败的一个重要原因是规划没做好。实际上，我这样说还算客气了，大多数时候，根本就是没有规划！团队就只是"走一步算一步"，完全没有做任何规划就开始工作了。我前面已经解释过了，有许多人是任务导向的，认为做规划是浪费时间，所以直接动手去做。当我们想要控制项目的时候就会发现，没有规划意味着不能实际控制项目，等于是在闹着玩。

执行

项目执行分两个方面。一是为了创造产品，执行必须完成的工作，这可以称为"技术性工作"。项目的目的就是创造产品，请注意这里说的"产品"是非常广义上的产品，可以指摸得着看得见的物品，如一个硬件或一幢建筑；也可以指软件或某种服务；还可以指某个结果，例如，一个包含更换机油及调换轮胎的汽车项目，就不会产生可交付的有形产品，但显然有一个必须达成的结果，如果中间出了差错，汽车可能因此受损。

执行也可以指实施项目规划。项目团队常常花不少时间制定规划，可是一旦遇到困难，就将规划抛到九霄云外，这真的很不可思议。一旦抛弃规划，团队就会失去对项目的控制，因为没有规划就没有控制。至于解决办法，要么是采取纠正措施，让项目重回旧轨，要么修改规划，使其反映项目现状，同时指出未来方向。

监控和控制

实际上，监控和控制可视为两个不同的过程，但因为它们是相辅相成的关系，所以被归为一个活动。控制就是比较项目的"实然"和"应然"，一旦发现项目偏离目标，就采取措施纠正，而规划就确定了项目的"应然"，所以如果没有规划，你就不知道项目的"应然"，控制项目自然就无从谈起。

另外，要了解项目的"实然"需对项目进度进行监控。根据工作性质，利用任何可用的工具对已完成工作的数量和质量进行评估后，将评估结果与规划进行比较，如果实际进度超前，那就要采取行动将进度往后调整。当然，小的偏离在所难免，只要不超过事先设定好的限度，也没有继续扩大的趋势，大可以置之不理。

收尾

一种极为常见的情况是，只要产品达到客户的要求，团队就认为项目完成了，或者结束了。这种做法应避免，进行最后的经验教训总结之后，项目才算真正完成。如果不总结经验教训，就意味着未来的项目可能重犯刚刚犯过的错误。

知识领域

前面说了，PMBOK® 指南总结了一个专业的项目经理应熟悉的 10 个知识领域，下面一一说明。

项目综合管理

项目综合管理应确保项目规划、执行及控制都做到位，还包括正式的变更控制。"综合"也意味着，为了达成理想的成果，每项活动都必须与其他活动协调或整合。

项目范围管理

项目范围变更往往是扼杀一个项目的"凶手"。项目范围管理包括授权工作，制定范围说明书以定义项目的界限，将工作细分为易管理的、带可交付成果的组成部分，核实规划的工作量是否完成，规定项目变更控制的程序。

项目时间管理

我认为这个术语不够准确，因为"时间管理"似指个体管理自己的时间。实际上，项目时间管理特指制定一个可行的时程，然后据此控制工作进度，就这么简单！因为所有人的用词都是"时程"，所以应该称之为"时程管理"。（好吧，我知道，我可能会因为这样的"异端邪说"而被踢出 PMI！）

项目成本管理

这个术语就很准确了。项目成本管理首先估计各种资源成本，包括人力、设备、物资、出差以及其他支持费用，之后就是做预算并跟踪成本，确保项目不超过预算。

项目质量管理

前面说过，项目失败的原因之一是为了"赶工期"而忽视或牺牲质量。就算项目按时完成，可交付的产品不达标也是无济于事！项目质量管理包括质量保证（通过规划达到质量要求）以及质量控制（监控结果，检验结果是否符合要求）。

项目人力资源管理

常被忽视的项目人力资源管理包括确定完成项目需要什么样的人，明确他们的角色、责任及报告关系，招揽这些人并在项目执行过程中对他们进行管理。请注意，这里所说的不是实际的人员日常管理。PMBOK® 指南表示这些技能不可或缺，可是没有展开论述。由于这是项目经理必须具备的重要技能，因此可以说PMBOK® 指南是有所缺失的。

项目沟通管理

顾名思义，项目沟通管理是指，对于所有项目干系人所需全部信息的获取和传播，进行规划、执行及控制。这样的信息可能包括项目现状和成果，以及可能影响其他干系人或项目的事件。同样，项目沟通管理不涉及与人沟通的实际过程，PMBOK® 指南也提到了这个主题，但是未包含在内。

项目风险管理

项目风险管理是识别、量化及分析项目风险并做出应对的系统性过程，内容包括：对于正面事件，尽可能提高其发生的概率，增加其对项目目标的影响，对于负面事件则相反。这是项目管理中极为重要的一个方面，有时会被没有经验的项目经理忽视。

项目采购管理

项目所需物品及服务的采购隶属于后勤范畴。项目采购管理包括确定什么必须采购、发放投标或报价邀请、选择供应商、合同管理以及完成采购后的收尾工作。

项目干系人管理

项目干系人管理包括识别及管理可能影响项目或被项目影响的个人、团体或组织。"干系人"这个术语名副其实，项目经理必须问自己："谁和项目成果利害与共？"如果干系人会影响项目或被项目影响，那就应该找到他们，进行适当的管理。干系人不应该一视同仁，而应该根据他们对项目影响与支持程度的差异来制定规划，然后再投入适当的时间与精力进行管理。

本章要点

- 项目是为了创造一个独特的产品、服务或结果所做的临时性努力。
- 项目同样是一个待解决的问题。
- 项目管理是在项目活动中运用知识、技能、工具及技术，以达成项目要求，项目管理会用到如下几个过程：启动、规划、执行、监控和控制、收尾。
- 所有项目都受到质量、时间、成本及范围这四个要求的约束，只能对其中三个约束条件任意赋值，第四个必须由项目团队来确定。
- 项目失败的一个原因是团队没有花时间定义需要解决的问题。
- 项目主要阶段包括概念、定义、规划、执行、控制及收尾。
- 必须识别项目干系人并进行管理。

1. 项目管理不仅仅是

    a. 规划

    b. 返工

    c. 排时程

    d. 控制

2. 一个需要边做边管的项目经理面临的问题是，当分摊的工作与管理之间发生冲突时：

    a. 你不知道两者该以谁为优先

    b. 老板会觉得你偷懒

    c. 如果两者兼顾，时间绝对不够

    d. 将优先完成分摊的工作，无法兼顾管理

3. PMBOK® 指南指的是：

    a. PMI 认为高效项目经理所需的知识体系

    b. PMI 的项目经理认证考试

    c. 某种特殊风险分析的缩写，和 FMEA（Failure Mode and Effects Analysis，失效模式与效应分析）一样

    d. 以上都不是

4. 项目范围指：

    a. 项目经理规定的结束日期

    b. 工作的范围或规模

    c. 项目变更的频次

    d. 项目经理的权限

项目管理基础
Fundamentals of Project Management

第2章　项目经理的角色

项目经理应该扮演什么样的角色？这个问题似乎在全世界范围内都被大大地误解了。因为，许多项目经理都是从工程师、程序员或科研人员等岗位自然转变而来，他们自己以及他们的老板都认为项目经理是个技术性岗位。这绝对是错的。

前文说过，每个项目都要创造产品、服务或结果，因此"技术"是项目管理的应有之义，可问题在于如何分工。如果项目经理既负责管理项目，又负责处理技术问题，那从一开始就注定会失败，后面将详细解释其中的原因。不过，现在可以暂时用一句话概括：项目经理的首要责任是，确保所有工作在预算及范围内、依照适当的质量要求按时完成，也就是必须达成 PCTS（质量、成本、时间、范围）目标。项目经理的首要作用是管理项目，而不是亲力亲为！

管理是什么

PMI 对项目管理的定义并未完全抓住项目管理的本质特征。PMI 的定义是："项目管理是在项目活动中运用知识、技能、工具及技术，达成项目要求。项目管理需运用并组合 42 个项目管理过程，它们依逻辑可归入 5 个过程组：启动、规划、执行、监控和控制、收尾。"可这只是纸上谈兵，仍然没有说清楚管理一个项目时，究竟要做些什么？

我不知道我能否真正说清楚项目管理的本质。其中一个原因是，项目管理是一门表现艺术，而你很难用语言说清楚演员、运动员或艺术家的工作。不过，我们可以描述项目经理的不同角色，这也是本章关注的内容。不言自明的一点是，如果你不能描述和定义某个角色，那你就不能很好地扮演好这个角色，所以描述和定义是必要的。

管理的定义

关于管理，一个常见的定义是：管理者通过别人完成工作。不用多想就能知道这个定义多么空洞。独裁者也是通过别人完成工作，但我不认为这是管理。彼得·德鲁克（Peter Drucker）博士被很多人誉为"管理学之父"，因为他开创性地阐明管理是一门专业，而不是一种工作，他说，管理者应该自发为组织做贡献。也就是说，管理者"眼观八路"，确定推进组织目标需要做什么，然后，不必他人允许，也不必他人命令，就可以直接去做。这常被称作"积极主动"，与"消极被动"相对——用词可谓精准。

但是，最重要的是，管理者如果不清楚组织的使命和愿景，就无法做到积极主动，也无法积极主动地达成使命和愿景。我认为，这同样适用于项目经理。首先，项目经理必须理解组织的使命和愿景；然后，他们必须搞清楚自己管理的项目如何服务于组织的使命；最后，他们必须掌控项目以实现组织利益。

项目管理就是和人打交道！

我前面说了，项目管理不是一项技术性工作，而是让人完成必须完成的工作，以达成项目目标。从这个意义上看，经典定义是正确的，但是德鲁克曾说过管理者必须使人员的表现高于可接受的最低绩效水平，因为最低绩效水平是组织的"存活水平"，可是，任何公司如果只能勉强存活，那必然活不久，最终组织将在竞争中被淘汰。

因此，项目经理所需的首要技能就是与人打交道的技能。许多项目经理在这方面有所不足，这是他们面临的一个重要问题，实际上，所有管理者都存在这个问题。我发现大部分管理者更擅长操作电脑及机器，擅长如何花钱，可是一碰到人，就不怎么擅长了。这里面原因很多，但主要原因是我们不可能一生下来就知道如何与人打交道，之后也从来没人教过我们与人打交道的具体方法。就我所知，目前遗传学家还没有发现可以让人天生擅长此道的基因。

另外，许多拥有强大技术背景的项目经理都觉得与人打交道很困难。他们是以事务为导向，而不是以人为导向，有些人甚至会说做这份工作还得和人打交道，他们感觉很厌恶。我的建议是，如果你真的厌恶和人打交道，那就别想着做项目经理了。当你厌恶一件事时，通常不会做得很好，而且，话说回来，为什么要把时间浪费在你厌恶的事情上呢？

边做边管的项目经理

实际上，项目经理面临的一个巨大陷阱是所谓的"边做边管的项目经理"，也就是说，项目经理除了从事管理之外，还需要负责一些技术性工作。问题是，当两者发生冲突的时候，完成分摊的工作将被摆在第一位，管理工作将被忽视，而这样的冲突往往不可避免。最后绩效评估的时候，项目经理就会得到这样的评语：你的技术性工作做的还不错，可是管理方面还有所不足，应该避免这种"进退两难"的情况。

职权

项目经理无不抱怨自己责任一堆，却没有职权，他们没说错，但可能也无可奈何，恐怕这份工作的性质就是如此。可是，你不可能光让一个人承担责任，而不赋予与责任相称的职权，所以，你可以限制项目经理的职权，但不能一点职权都不给。

不过，我还是要送给项目经理一句话。我在当工程师的时候就学会一个道理：你愿意承担多大职权，你就拥有多大职权。这听上去有点怪，因为职权不是组织赋予的吗？可实际情况却是，那些自行行使职权的人最后往往能正式获得"授权"。当然，我不是怂恿你违反组织的任何政策，职权不是这样用的。可是，到了要做决定的时候，不要跑去烦你老板这行不行，那可不可以，你可以自行做决策，在不违反政策的前提下采取适当行动，然后再去跟老板报告。许多管理者跟我说过，他们希望自己下属不要凡事都去问他们，他们希望下属多给解决方案，而不是问题。换句话说，你的老板希望你分忧解难，好让他们腾出精力做别的事。

关键时刻

詹·卡尔森（Jan Carlzon）曾是北欧航空最年轻的 CEO，却成功地让北欧航空转亏为盈。他成功的部分原因是赋权所有员工，也就是，如果员工觉得我这样做可以满足客户需求，就可以不用请求允许直接去做。卡尔森指出，员工和客户之间的每一次互动都是一个"关键时刻"，客户可能借此评价北欧航空的服务。如果服务得好，客户可能再次乘坐北欧航空；相反，如果服务不好，客户再次乘坐的可能性就不那么高了。卡尔森说，从客户的角度看，北欧航空的员工就等于北欧航空。

另外，卡尔森还对标准组织结构图做了修改。标准组织结构图通常呈正三角形，也就是 CEO 位于最顶端，接下来是一级级的管理层，最终排在最下面的是一线员工。这样的结构图暗示从下往上，职权越来越大，相反位于最底端的员工几乎完全没有职权。

卡尔森只是简单地将这个三角形倒过来，最顶端变成最底端，将一线员工放在最顶端。他说，这是为了说明，管理者的工作就是让一线员工能够提供客户满意的服务。管理者是员工的赋能者，从这个角度看，管理者实际上是员工的"仆人"，而非"主人"。

对我来说，这也是项目经理这一角色的本质。反正你手上几乎没有职权，不如就把你的工作想成：满足每个项目成员的需求，让他们都能做好自己的工作。如果你能做到，那么大部分成员都将表现得不错。

领导与管理

最后，由于项目经理的工作主要是和人打交道，因此领导和管理技能都绝对是必不可少的（参见第 14 章）。我前面将管理定义为自发为组织做贡献。对我来说，"领导"最准确的定义是："领导是一门艺术，是让他人心甘情愿地去做你认为应该做的事。"（引自《金字塔攀登者》）这里的关键词是"心甘情愿"。

前面举过一个例子，独裁者也能指使他人做事，可是，领导者是让人心甘情愿地做事，两者差别很大：独裁者只要一转身，人们会马上停止干活；可是领导者转身后，人们会继续干活，因为他们是心甘情愿地干活。最重要的是，独裁者只能控制自己视线范围以内的那些人。

显然，由于手上无权，项目经理必须运用领导技能。领导者不用密切监督，就能让人干活，对项目来说，这一点至关重要。

不过，项目经理必须同时运用管理技能，实际上，这两种技能必须融入项目管理之中，因为"管理"处理行政问题，例如预算、进度、后勤等，而"领导"则让人把工作做到最好。如果你只运用其中一种技能而弃用另一种技能，那么取得的结果将远逊于融合两种技能。

你想做项目经理吗

不是每个人都适合管理一个项目。前面我已多次强调，项目管理不是一项技术性工作，而是让其他人完成必须完成的工作，以达成项目目标。因此，当有人问我"项目经理最重要的品质是什么"时，我的回答无一例外都是：与人打交道的技能，与人打交道的技能，与人打交道的技能，其他技能品质统统往后排。如果你具备了与人打交道的技能，那么，你可以学习如何做任何别的工作，也可以将工作委派给会做的人。可是，就算你什么事都会做，偏偏不会和人打交道，那也徒劳无益。

现在问题来了：你真的想做项目经理吗？你愿意光有一堆责任，职权却有限吗？在任务紧、资源少、干系人无比苛刻的情况下，你还能甘之如饴吗？换句话说，你有没有一点抖M体质（受虐狂）？如果你有，那么你会喜欢项目经理这份工作。

如果你是项目经理的老板，那么你在选人时就得考虑这些问题，不是每个人都适合做项目经理。

本章要点

- 项目经理首先必须理解组织的使命和愿景，搞清楚项目如何服务于组织的使命，然后再掌控项目以实现组织利益。
- 项目经理的首要技能是与人打交道的技能。
- 项目经理面临的一个巨大陷阱是从事管理之外，还需要做技术性工作，因为两者存在冲突时，项目经理也不能忽视管理方面的工作。
- 不要找老板要职权，而是自行做决策，在不违反政策的前提下采取适当行动，然后再向你老板汇报。
- 项目经理的工作是满足所有项目成员的需求，让他们都能做好自己的工作。
- 项目经理必须同时运用领导和管理技能。

项目管理基础
Fundamentals of Project Management

第 3 章　项目规划

第 1 章中，我谈到项目失败将付出很高代价。几乎所有相关研究都发现，项目失败的主要原因是管理不善，特别是没做好规划。项目规划做不好的原因有两个，一是普遍的世界观，另一个和人性有关。

所谓世界观，就是对这个世界的信念。通过一个人的行为可以窥探其信念，因为人的行为往往与其根深蒂固的信念一致。不过，嘴上说的信念做不得准，只有真正的信念才算数。克里斯·阿吉里斯（Chris Argyris）在其著作《克服组织防卫：促进组织学习》（*Overcoming Organizational Defenses: Facilitating Organizational Learning*）中将这两种信念分别称作"拥护的理论"和"践行的理论"。举例来说，一个曾参加我"项目管理工具"研讨课的学员后来跟我说，他上完课一回到工作岗位，就立刻召集项目成员开会，想要制定一个规划，可是，他的老板却把他叫出会议室。

"你要干什么？"老板问他。

"制定项目规划。"他说。

"你哪来时间做这种毫无意义的事，"他的老板说，"把他们叫出来，去做正经事！"

显然，他的老板觉得规划不重要，那么问题来了：这位老板既然不相信培训所教的内容，为什么还把属下派去参加培训？大家可以想想这个问题。

人们不做规划的第二个原因是他们觉得做规划很痛苦。有些人——特别是工程师和程序员会担心，他们竭尽全力估计出完成自身任务所需时间后，就会受此约束。因为他们没有历史数据可供参考，所以只能靠估计，但是他们都知道估计出来的时间不可靠，因此，他们会担心要是没有达成预定进度，就会惹上麻烦。我的一个工程师就曾跟我说："你无法替创造力排时间表。"

我的回复是，你说的或许没错（但是我们必须假装我们能做到，因为如果你没有一个时间表，就不会有人出钱资助你的项目）。可是后来，我的看法改变了：创造力是可以排时间表的，只要给出限制条件。实际上，激发创造性思维的最佳方式就是给出一个紧迫的最后期限。如果你不限制时间，对方就只会混时间，不会有任何产出。

尽管如此，我们还是发现，当你要求项目成员制定规划时，他们会觉得很痛苦，他们不想承受这样的痛苦，结果就是如图3-1所示的痛苦曲线1，曲线以下的面积代表了项目期间将承受的痛苦总量。

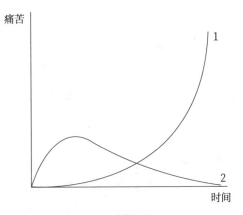

图 3-1
一个项目的两种痛苦曲线

图中的曲线 2 表示，项目早期将经受许多痛苦，可是随着时间推移，经受的痛苦越来越小，而且这条曲线以下的面积小于曲线 1。

规划绝对必要

管理的主要功能就是确保组织目标能够达成，而做法就是对稀缺资源实施控制。不过，"控制"这个词有两种含义，我们必须谨慎辨别。

控制的第一层意思是"权力与主导"，在管理学中有时称其为"命令控制"方法，最坏的情况下，这种方式会"堕落"到采用恐吓的手段让人做事。当员工没有其他理想的就业选择，或者不能自由离开（例如当兵或坐牢）时，这种方法才会奏效。然而，当经济繁荣时，能长期忍受这种管理的员工几乎没有。

控制的另一层含义强调，比较你实际的进度以及你应有的进度，如果两者产生了偏差，就采取纠正措施进行控制——这也是我呼吁管理者接受的含义。请注意，这是一个信息系统或信息引导的定义。还需要注意，如果要实施控制，必须满足两个条件：首先，你必须得有一个规划，明确你应有的进度。如果没有规划，就不可能实施控制。我觉得，我们需要时刻提醒自己规划的必要性，因为，当你一直被人要求做这做那，当你一直被各种要求包围时，一不小心就会忘了。

其次，如果你不知道自己实际的进度，你也无法实施控制，这看上去很简单，实则不然，从事知识性工作时尤其如此。例如，你计划今天完成10000行代码，结果只完成了8000行，那么能说你完成了80%的任务吗？未必，因为你可能想到一种更高效的方法，让代码缩短了。

无论如何，务必要记住一个重点：没有规划，就不能实施控制，所以规划是绝对必要的。

> 预测未来容易，但弄清当前事态不易。
> ——弗里茨·R. S. 德莱斯勒（FRITZ R. S. DRESSLER）

不做规划的另一个原因是，认为自己没有时间做规划，必须抓紧时间快速把活干完！说这个理由不成立有违常理，但是你想一下：如果你接到一项不限时间的任务，那你也就无须制定计划。正因为时间很紧，规划才无比重要。举个简单的例子，假设你去芝加哥开会，可是飞机晚点了，会议还有不到一小时就要开始，会议地点还在城市另一边，而你此前从未来过芝加哥，当你去租车时，工作人员问你：要不要一张地图？你会说"我没时间看地图，我得赶紧到达会议地点"吗？不太可能吧？

规划的定义

简单来说，规划就是回答图 3-2 列出的问题。如果你学过访谈方法，就会知道这些问题可概括为何人、何事、何时、何地、

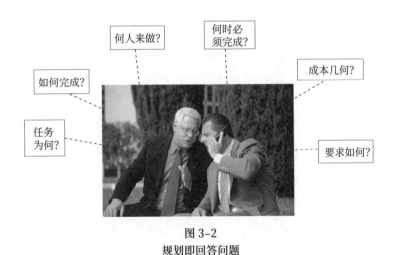

何人来做？
何时必须完成？
如何完成？
成本几何？
任务为何？
要求如何？

图 3-2
规划即回答问题

为何、多少、多久。看似简单，实则很难。我说"很难"是因为，要回答其中某些问题，你必须得预见未来，特别是"这件事需要花多长时间"这类问题。如果没有先例可供参考，这个问题将很难回答。我的一位工程师曾说过："你无法替创造力排时间表。"

战略、战术及后勤

要做好项目规划，你必须注意项目生命周期内可能会用到的三种活动：战略、战术及后勤。

战略指纵观全局的方法，有时候也被称作"制胜之道"。我在第 1 章曾举过一个例子：千百年来，人类造船都是把龙骨朝下建造，这样船造好以后，不用翻身就能直接下水。20 世纪 40 年代之前，这个方法一直很有效，可是第二次世界大战期间，造船厂必须加快造舰速度，因此面临巨大压力。当时造舰都是采用钢板，而非木材，很快造船厂就发现，龙骨区焊接作业极为困难，如果从外面焊接，你怎么下到舰船下面？如果进到里面焊接，那人就必须倒立着焊接。

埃文代尔造船厂发现，如果将钢质舰船反着建造，那焊接就会容易得多，因为能够从龙骨区外面进行焊接，也就是站在舰船上面作业，在里面也能站立着操作。这一战略非常有效，埃文代尔造船厂造船速度远远超越竞争对手，成本变得更低，质量也更高，该方法一直沿用至今。

做规划的人在选择项目战略时，标准往往是"一直以来都是这么操作的"，而不是选择最佳的方法。制定详细的执行层面规划之前，你必须时时刻刻自问："做这件事最佳的方法是什么？"

执行层面规划

一旦决定采用反造法造船，你就必须确定所有实施细节，必须谨慎细致、锱铢必较。这个时候你就得回答何人、何事、何时、何地等问题。实际上，许多人谈到"规划"时，他们指的就是执行层面规划，可是，如果项目战略不对，执行面规划做得再好，也只会让你败得更惨。

后勤

军队最清楚后勤的重要性。如果没有弹药、食物、衣物和交通运输，就没法打仗。后勤负责的就是这些事务。我曾见过一个项目进度管理程序（很遗憾现在已经不能用了），施工经理能在这个程序上记录什么时候收到多少数量的砖，根据一定的使用速率，程序会算出这些砖用完的时间，然后在用完之前，提醒经理安排补砖。

我还曾听过另一个例子，印度的一个公路建设项目，工人生活条件非常差，吃不好，睡不好，工人士气非常低迷。可是，项目经理及手下员工却住在附近市区一间很好的宾馆，他们意识到问题后，搬到施工现场和工人住在一起，工人的生活条件立刻得到改善，士气及效率也跟着得到提升。这个例子说明了后勤的附带效应有多么重要。

规划的要素

下面列出了一个项目规划必须包含的要素。最好将这些资料保存在一个集中式的项目数据库里，刚开始这份电子文档只含有一个规划文件，随着项目推进，再陆续添加报告、变更等文件，等到项目完成时，这份文档将完整记录项目历史，以后可作为参考，帮助其他人制定项目规划及实施项目管理。

下面是项目规划的组成要素：

- 问题陈述

- 项目使命陈述（第 5 章阐述了如何制定使命陈述）

- 项目目标（见第 5 章的讨论）

- 项目工作要求，包括所有可交付成果，例如报告、硬件、软件等。最好是在项目各个重要的里程碑规定一个可交付成果，这样就更容易测量进度。

- 放行标准。每个里程碑都应该建立一个标准，据此确定前一阶段的工作是否真的完成了。如果某个里程碑没有可交付的成果，那放行标准就至关重要。

- 最终产品须满足的要求，指工程规格、建筑规范、建筑法规、政府规定等。

- 工作分解结构（WBS），识别为达成项目目标而必须完成的所有任务，WBS同时也是一个很好的项目范围图示（见第7章）。

- 时程（应同时制定里程碑及工作时程，见第8章和第9章）。

- 所需的资源（人力、设备、物资及设施）。必须与进度相匹配（见第8章和第9章）。

- 控制系统（见第10章、第11章和12章）。

- 主要贡献人，利用线性责任表（见第7章）。

- 风险及应急，如有必要（见第5章和第6章）。

签发规划

规划一旦制定完成，就应该提交给干系人签字确认。干系人是与项目有利害关系的人，包括贡献人、客户、经理及财务人员。

签署到底有何意义？下面给出了一些论述以及具体的建议。

签署就表明签字人做出了承诺，会贡献自己力量，同意工作范围，以及认可对产品的要求。干系人签署并不表示给自己未来的表现提供保证，相反只是一个承诺，因为存在外部不可控因素，几乎没有人会拍胸脯说自己的表现会怎样怎样。可是，大多数人都愿意做出承诺，承诺竭尽全力善尽职责。如果将签字看作提供保证，要么没人签署，要么签了字，但不是真心实意地认同里面的内容，两种反应都不尽人意。

规划应该在项目规划审核会议上拿给大家签署，而不是通过邮件发送文件请求签署，这基本上很难奏效，因为大家可能太忙，无法深入阅读，因此可能错过一些要点，可是在签发会议上，就能提出这些要点。

你在审核会议上，应鼓励大家给制定好的规划"找问题"，而不是等待问题爆发。当然，找问题不等于吹毛求疵，找问题的目的是确保规划切实可行，仅此而已。

变更规划

规划定好之后，无须再次变更固然好，但这不太现实。没人能精准预测未来，预料之外的问题几乎无可避免，所以关键在于遵循标准程序有条理地做出变更。

如果不实施变更控制，那项目最后可能毫无预警地超出预算、进度落后或者严重不达标，等到察觉的时候已经晚了。下面是变更规划的一些建议：

只有在出现重大偏差时才能实施变更。重大偏差通常根据初始目标的百分比公差来确定。

如果不想遭遇"项目范围蔓延"，就有必要实施变更控制。所谓"项目范围蔓延"是指，项目变更后增加额外的工作。如果没有察觉范围出现变更或者管理不当，那么项目可能严重超出预算或进度落后。

应该对变更的原因做出记录，供未来的项目规划参考。总结原因应该是陈述事实，而非问责惩罚。

不容改变的计划不是好计划。

——巴托洛莫诺·德·孔科迪奥 (1475—1517)

第 11 章将介绍项目变更管理的完整程序。

提高规划效率的建议

下面是高效制定规划的一些建议：

有计划地做规划。将所有人聚在一起制定规划肯定不容易，制定规划这个过程本身就需要规划，如果不事先规划，制定规划的会议很可能变成一次毫无章法的会议，许多组织都深受其苦。也就是说，必须事先制定议程，尽可能限制会议时长，与会人员应"按部就班"，一旦有人离题，会议主持人应尽快让其重回正轨。关于如何开会，有很多优秀的著作，例如托马斯·凯瑟 (Tom Kayser) 所著的《团队掘金》(*Mining Group Gold*)，各位读者们可以参考。

执行规划的人应该参与规划制定，否则，干系人可能对规划毫无承诺，他们的估计可能出错，还可能把自己的重要任务忘得一干二净。

制定规划的第一条规则就是做好重新规划的准备，因为必然会遇到意料之外的障碍，而你必须进行处理。这也意味着，如果规划有可能变更，那就不要制定太多细节，因为纯属浪费时间。

因为必然会遇到意料之外的障碍，所以务必做一个风险分析，预测最可能碰到的障碍（见第 6 章）。为防止 A 计划行不通，请制定一个 B 计划。那为什么不一开始就直接使用 B 计划呢？因为 A 计划更佳，只是存在一些不足。B 计划也存在不足，但是两者的不足之处一定要有所不同，否则 B 计划就称不上"备用"计划了。

做风险分析有个很简单的方法，就是问个问题："哪里可能出错？"分别考察时程、工作绩效及项目规划的其他部分。有时候，只需要识别风险就能排除风险，但是，如果无法排除，至少制定一个备用计划。还有一个提醒：如果和你共事的人是非常喜欢分析的人，那他们可能陷入"过度分析"不能自拔，你要做的不是识别所有可能的风险，只需要识别可能性较高的就行。

做任何事之前都必须明确目标，因此务必要制定一份问题陈述。组织的所有行动都应该达成一个结果，换句话说就是"解决一个问题"。千万注意：一定要找准最终用户真正需要的解决方案，有时候，项目团队自认为自己的解决方案适合客户，但最后可能弃置不用，造成巨大浪费。

> 小老鼠是多么睿智的动物，绝对不会把自己性命全押在一个老鼠洞里。
>
> ——普劳图斯（Plautus，公元前 254—前 184）

使用工作分解结构（见第 7 章），将工作分成较小的部分，便于精准估计所需时间、成本及资源。

项目规划的步骤

规划的基本步骤如下，其中一些步骤将在下一章详述。

- 定义项目要解决的问题。
- 制定使命陈述，然后再制定主要目标说明书。
- 制定能达成所有目标的项目战略。
- 撰写范围说明书，定义项目范围（要做什么以及不做什么）。
- 制定工作分解结构（WBS）。
- 利用 WBS，估计所需时长、资源及成本（根据具体环境来估计）。
- 制定项目总时程及预算。
- 确定项目组织结构，是矩阵组织结构，还是层级组织结构（前提是你可以自由选择）。
- 制定项目规划。
- 让所有项目干系人在规划上签字。

本章要点

- 没有规划就没有控制。

- 执行规划的人应参与制定规划。

- 组织一次规划签发会议，而不是通过内部邮件发送规划请求签署。

- 将所有项目文件保存在一个电子文档中。

- 使用放行标准检验里程碑是否真的已达成。

- 项目规划做出变更之前，须得到许可。

- 项目规划应包含风险管理。

- 世界观就是对这个世界的信念。

- 规划就是回答何人、何地、为何、何事、何时、如何、多久、多少等问题。

- 后勤指提供工作所需的物资补给。

练习

本章我们讨论了战略、战术和后勤。

我们首先必须确定：

a. 战略

b. 战术

c. 后勤

d. 这个问题不重要

战术的作用是什么？

你应该在什么时候规划后勤？

项目管理基础
Fundamentals of Project Management

第 4 章　将干系人管理纳入项目规划过程

第 3 章说过，干系人是指与项目成果有利害关系的人，包括贡献人、客户、经理以及财务人员等。PMI 对干系人的定义是"可能或自认为会受到项目决策、活动或成果影响的个人、团体或组织"。无论怎么定义，都必须识别项目干系人，然后在整个项目生命周期内进行管理，他们将直接影响项目的成败。

　　我刚进格鲁曼航空航天公司（Grumman Aerospace）时，是一个采购专员团队的成员，我们被指派构建一个供应商绩效评价体系，并利用该体系对供应商做出评价。我们这个团队氛围良好，每个人都很努力，但是，没人受过项目管理的培训，结果就是：我们正式完成了一些规划活动，将其作为一个过程（时程、预算），但却遗漏了一些别的事情，特别是干系人管理。我们在构建新的体系时，将格鲁曼得州办公室遗忘了，他们不太高兴。出于商务礼仪，他们没有表达自己真正的反应，但毋庸置疑，他们的反应都很直接，毕竟被人要求怎么怎么做是很痛苦的。我们的项目因此被延迟，还造成很多无谓的冲突。如果我们在进行规划之初就做到位，识别干系人，那项目就能在预算内按时完成。这属于"主动失误"，本可以避免。

干系人排序

干系人管理并不一定很难，但确实需要付出一定心力。首先需要一一识别干系人，可利用下面三个基本问题：

- 项目将使**谁**受益？关注项目可交付成果，看谁将受益。可交付成果的范围很广，包括新的内部流程、软件应用或者拟上市的新产品。
- **谁将为项目做出贡献？**要完成项目工作，你需要依赖哪些个人或团体？可能包括项目团队成员、项目发起人以及项目团队以外的主题专家。
- **谁将受到项目影响？**项目可交付成果可能只是影响某些人，这些人并不一定从中受益，例如为买家更新软件的 IT 部门，为新的营销活动提供优先级数据的工程部门。这些个人和团体必须被视作干系人，因为他们的工作将受到可交付成果的影响。

接下来，你必须分析每个干系人与项目的关联，有些会提供支持，有些不会。优先解决"负面"干系人的关切（如果可以）

尤其重要。负面干系人可能是你工作中最好的朋友，但是，你们各自的项目需要相同的资源。负面干系人也可能是拒绝改变的部门经理，能够为你的项目成果带来改变。干系人对你项目持消极态度的原因有很多，你要做的是找出这些人以及他们消极态度背后的原因。

图 4-1 所示的坐标方格是帮你管理干系人的利器。一旦找到了干系人，就可以分析他们对你项目的态度（或支持度），以及在组织内的影响力（或权力）。这两个维度确定之后，就能放入合适的象限。有些干系人可能真的很支持你，其他人则不一定。你如何应对，如何与他们互动，取决于他们所处象限。

那些影响力或权力偏小的干系人，你不必太费心费时，因为他们的影响很小。影响力或权力很大，但是态度负面的人可能造

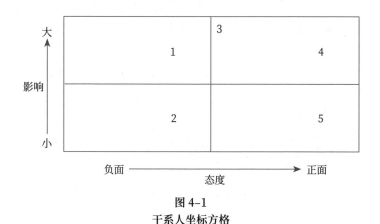

图 4-1
干系人坐标方格

成灾难性影响，但如果他们态度正面，那影响力就能为你所用。例如：

- 第2人。他对项目持负面态度，但是他的影响力也小。我对他无须太费心，但我还是会保持关注，因为他可能升职。
- 第5人。她对项目持正面态度，这很好，但是她影响力小，所以帮助不大。
- 第3人和第4人。这些干系人对项目持正面态度，影响力也大，应抓住机会利用他们的影响力说服其他人。
- 第1人。这是个危险人物，因为她对你的项目持负面态度，影响力还大，如果对她的管理出错，她就能扼杀你的项目，所以可能需要和她正式开次会、早上一起喝个咖啡、请她吃一顿精美午餐或者多约几次快乐的下午茶。你的目标是搞清楚她为何反对你的项目，通过努力让她改变态度。

只要合理规划，项目经理就不太可能腹背受敌。开头多花点精力，然后按部就班投入时间并完成工作，取得项目成功。第14章我将论述项目经理如何做一个领导者，这里就需要你扮演领导者角色努力说服。

让关键干系人参与项目

当你管理并执行项目时，干系人参与度能反映项目经理让干系人涉入、理解他们关切所投入的努力。部分干系人对你的项目至关重要，你必须让他们参与进来，项目才能成功，其中部分原因，你需要借重他们的专业或组织知识；还有部分原因，是因为他们在组织内部或者项目参与者中间拥有很大影响力。

在 PMBOK® 指南中，PMI 给出了一个干系人参与度评估矩阵（表 4-1）。该矩阵通过标示目前的参与状态以及理想状态，实现干系人的全面管理。参与度矩阵可作为干系人登记表的有效补充，因为可以在上面标示每个干系人的理想参与状态，接下来你就可以制定并执行一个计划，让每个干系人的项目参与度达到理想状态。

表 4-1　干系人参与度评估矩阵

干系人	不知情	抗拒	中立	支持	引领
干系人 1	C			D	
干系人 2			C	D	
干系人 3				DC	

说明：

不知情：不了解项目及其潜在影响。

抗拒：了解项目及其潜在影响，但抗拒改变。

中立：了解项目，但是不支持也不抗拒。

支持：了解项目及其潜在影响，支持改变。

引领：了解项目及其潜在影响，并且积极参与，确保项目成功。

C＝目前状态

D＝理想状态

如图所示，第一个干系人"不知情"，而你希望获得他的支持，所以需要努力。第二个干系人态度中立，你希望她转而支持，或许你可以跟她开个短会或者一起喝杯咖啡，说服她支持你的项目。第三个干系人已经持支持态度，这显然是个好消息，只需要花费一点点力气，甚至无须花费力气在他身上，定期看看他是否仍然满意就行了。

积极主动一点，尽可能让干系人参与进来，投入必要的时间和精力绘制一个干系人参与度评估矩阵。在项目环境常常晦暗不明的情况下，一个简单的矩阵就大有裨益。还请记住，务必持续更新矩阵！

设身处地与干系人沟通

所有干系人都完全认可项目章程吗？不一定。干系人数量繁多，各不相同，他们受项目可交付成果的影响也常常不一样，他们的专业技术水平以及产品／项目知识水平也参差不齐。

要想让所有人都朝一个方向前进，尽可能高效地互动，需要评估他们的整体经验及项目知识水平。为了有效影响干系人，你必须将自己知识水平"调校"到与他们一致，这样你们才能有共同的项目语言。工作场所学习专家凯伦·菲丽（Karen Feely）指出，须特别注意所谓的"知识的诅咒"，许多项目经理受此影响。她说："务必记住，并非每个人都和你一样熟识某个问题，你跟他们说话得迁就他们的理解水平。"

为避免知识的诅咒，菲丽建议，在与干系人协调和沟通的过程中，注意区分四个不同的群体（见表4-2）。

表4-2 沟通对象的知识水平与沟通指南

沟通对象	知识水平	沟通
项目经理	• 拥有深厚的项目/主题知识，熟悉技术术语、行话及缩写	• 可以使用行话和缩写，术语也不用解释
客户主题专家及客户项目经理	• 对项目/主题有相当程度的了解。对项目过程有些许了解，但只懂部分技术术语	• 将技术语言翻译成项目语言 • 沟通时采用一些项目/技术术语
项目发起人	• 拥有大的格局 • 不关注细节 • 对技术术语的了解非常有限	• 他们最关心的是达成项目目标及愿景 • 需要少量技术术语及细节
其他人（最终用户等）	• 了解现状 • 不了解真正的项目知识	• 需翻译术语 • 交流愿景及目标 • 避免使用技术术语

大多数人都是在自己舒适圈内进行沟通。项目经理与干系人沟通之前必须先进行规划，然后执行，沟通过程应专注且灵活。如果遇到一个具备丰富技术知识的干系人，知识的诅咒可能就会解除，但是，她也需要让别人听懂她说的话。要与干系人合作，把他们变为财富，而不是阻碍项目进程。

管理文化各异的干系人

项目经理将自然而然对工作环境中的人际动态产生一个直观感觉，在这个过程中，项目经理要在既定的组织结构中进行管理，在清晰明确的职场文化中与人互动。组织基础建设应"一目了然"，配套熟悉的流程和规章制度。然而，有时候，一个组织的文化环境可能很微妙，这就需要项目经理采取一些行动，搞清楚其中"奥妙"，与干系人有效互动。

根据干系人的文化调整管理方式

我现在身处何地？你可以利用这个简单的问题来确定：在不同的企业环境下，是否需要调整对干系人的管理方法？你的下属来自别的部门、机构、地区或国家吗？你理解他们的工作文化吗？和你的工作文化差别何在？你的管理应具备灵活性，挖掘出团队成员和其他干系人的最大潜能。

2008 年我为纽约市立大学研究生院教授一个 MBA 项目管

理课程时，我的一个学生请来一个演讲嘉宾（一家全球性大型金融公司的CFO），她的演讲题目是"组织文化冲击"。她讲述了自己在前公司的一个经历。这家公司如果说10:00开会，那么你至少得提前5分钟到达，否则就是迟到了。可是在她现在供职的地方，10:00意味着10:05或10:10分，开会之前，所有人还都想听她讲一讲她刚出生的侄儿。她没能很快调整过来，最终还是一个同事主动找到她，提醒她可以稍作改变。

文化的五个维度

与干系人互动时，一定要注意他们的文化。1974年，荷兰社会心理学家吉尔特·霍夫斯塔德（Geert Hofstede）对全世界各地的IBM员工做了一个大型的调查研究，结果发现，社会价值体系由五个关键维度组成（见表4-3）。这些维度能识别工作文化中的行为指标。使用相似维度组合的个体在一起就形成独特的文化。项目经理对干系人进行文化管理时，这是一个非常有用的工具。

理解这些维度有助于建立信任。和干系人之间如果缺乏信任，就不算建立了真正的关系。没有信任的关系是一个定时炸弹，是随时可能爆发的风险。

管理文化各异的干系人时，"信任"因素尤其重要。在格鲁曼的项目环境下，基本上不会面临文化挑战，因为所有人看上去都差不多，行为也大同小异，格鲁曼共用同一个资源池。我接任美国管理协会（AMA）的项目管理职位全球实践领导者时，

表 4-3　文化的五个维度

维度	该维度得分低的文化	该维度得分高的文化
1. 权力	依赖共识做决定	依赖层级结构做决定
2. 不确定性规避	对模棱两可或未知的事情无所谓	遇到模棱两可或未知的事情，觉得受到威胁 偏好结构及可预测性
3. 个人主义	团队价值凌驾于个人之上	看重独立自主 将个人需求放在团队需求之前
4. 积极主动	倾向于更加谦逊	倾向于自我推销
5. 时间洞察力	寻求能立刻带来利益的事情	寻求为组织带来长远利益的事情

AMA 纽约总部的职员来自世界各地。我的一个团队成员说要帮我看手相算命，但是，我并不想知道自己的未来，我跟她说，对于我的未来，我已制定一个风险管理计划。AMA 的文化给了我一个快速成长的机会，但是，在干系人管理方面，也让我面临巨大的挑战。我最终赢得了干系人的信任，但是，如果我当时就运用更加积极主动的五维度方法，效率将高得多。

与外部远距离干系人共事

所谓"眼不见，心不想"，谚语之所以能经久不衰，就是因为包含了真理。我们项目团队和干系人分散各处，所以需要时刻不停地投入心力。外部远距离干系人往往带来独特的挑战，通常我们需要通过电话会议、网络、视频会议、Skype 等科技手段与他们会面及交流，讨论建立关系的障碍！

投入时间和精力进行一对一互动，相互了解，将五维度用作工具，这有助于减少或者避免最初的不信任，更重要的是，无论是与外部远距离干系人个别还是集体打交道，这都能帮你明确该采用什么样的方法。作为领导的项目经理应善用信任，将信任视为无价之宝。利用这一战略有助于建立并维持信任，更加有效地进行交流。

团结干系人

我们可能都听过让猫过群居生活有多难，但还是要将来自不同文化与背景的干系人团结在一起，在整个项目生命周期内，把他们当作一个群体进行管理。你可能有过这样的项目经验：你刚刚完成项目第三阶段任务，运营经理突然冒出一个很棒的点子，可是你知道这个点子"为时已晚"，因为来的不是时候，往最轻了说，也将对项目产生不利影响。根据图 4-1 的干系人坐标方格，这个干系人属于高影响力，因此你必须处理这一分歧。不要抱怨，要去说服，利用逻辑和数据处理与干系人之间的所有分歧。在处理与干系人之间的分歧时，我通常会采用以下四个步骤：

• **步骤** 1：采取行动之前，应首先理解该干系人关切的问题，明确其立场。

- **步骤**2：向他说明如果采纳他的点子，将对项目产生何种影响，通常你说完之后，对方会恍然大悟，情况将立刻得到缓解。

- **步骤**3：如果他固执己见，提出几种别的想法可能更具说服力，说明每种想法的优缺点。

- **步骤**4：转向协商。我们开始一个项目后，每天都要进行协商。你可能不喜欢与干系人协商，但协商不可避免，最好的情况是早在规划阶段就完成所有协商，可现实却是，整个项目生命周期都需要不断协商。协商之前，你应该：

- 善尽职责，制定规划。

- 明确你的项目规划能接受什么样的变更，不能接受什么样的变更。

- 妥善处理范围蔓延问题，做法是：在协商期间，明确说明所需资源及时间。

- 双赢：找到干系人以及项目都能接受的共同点。

请记住，干系人的存在是有理由的，你需要他们，他们也需要你成功完成项目，所以应该发挥其力量，并尽量减少负面影响。利用常识，以及本章提到的干系人管理工具。找出适合你以及你项目的工具，并善加利用，你将发现，在预算内按时完成项目其实也并不难。

- 干系人是与项目成果有利害关系的人。

- 管理干系人的第一步是——识别干系人，可借助以下三个问题：（1）项目将使谁受益？（2）谁将为项目做出贡献？（3）谁将受项目影响？

- 因为干系人对项目成功至关重要，所以要想项目成功，必须让干系人参与进来。

- 组织的文化环境可能非常微妙，因此需要项目经理采取行动，弄清组织文化，与干系人有效互动。

- 应投入时间和精力与外部远距离干系人一对一互动。

第 5 章　制定项目的使命、愿景及目标

项目团队开始工作之前，所有成员应就项目"目的地"达成一致，所谓"目的地"，其同义词包括使命、愿景、目的及目标。如果这个环节做不好，就将为项目失败早早埋下伏笔，因为所有人都会觉得"我们全都知道使命是什么"，可事实并非如此。

定义问题

每个项目都是要解决一个问题，可是人们往往倾向于跳过"定义问题"这一环节，这大错特错。如何定义问题将决定你如何解决问题，所以一个恰当的定义至关重要。例如，我们常常用解决方案来定义一个问题。试看下面这段话："我遇到一个问题，我车子坏了，没法去上班。我又没有修车的钱，那怎样才能修好我的车呢？"

这个例子里面，问题最终被定义为："我该如何修车？"然而，归根结底，他的问题实际上是：他没办法去上班——他本人就是这么说的。可是，他能不能坐公交车去上班？搭同事便车？或者先骑车去上班，等攒够了钱再去修车？没钱修车确实也是个问题，但是区分基础或核心的问题与另一层面的问题非常重要。

我曾听一个销售经理教训销售员说："公司花了很多钱开发这款新产品，可是你们一个个都销不出去。如果你们仍然卖不动，我就找能卖的人来换掉你们！"

他定义问题的方式很明显：他有个销售团队，可是团队不给力。然而，如果真的是没一个人能把产品卖出去，那我确定他把问题搞错了。要么是产品或市场出了问题，要么是竞争太激烈，不太可能所有销售员都是菜鸟！

可是，这位经理将问题归结到人身上，他也必然会从这个角度去解决问题。想象一下：他就算重新换一批销售员，他还是会遇到同样的问题，因为他们没有解决背后真正的原因。

有时候人们将问题定义为目标，目标本身不是问题。因为存在障碍，所以目标难以达成，这才是一个问题。按照这个定义，我们可以说解决问题就是找出排除障碍的方法：障碍必须克服、避开或排除。

术语辨析

假设有人跟你说，她在一个遥远的城市找到了一份新工作，她计划搬过去，可是马上意识到自己没有住的地方。所以她说："我有个问题，我必须找个住的地方。"

你问她的使命是什么？她回答说："找个住的地方。"

你又问，你的愿景是什么呢？"找个住的地方，"她略带困惑地说。

她产生困惑也情有可原，因为三种表述听上去都一样！她如果想解决问题，就得理解三者的差别。

请记住：所谓问题，就是一个"缺口"。如果我们问她：你这个问题解决后，你将处于一个什么状态？她可能会说："我在那个新的城市会有个住的地方。"

"你现在的状态是什么呢？"你问。

"我没有住的地方。"她说。

这里的缺口就是"有地方住"和"没地方住"，因此问题可以简单表述为："我没地方住。"这确实就是她试图解决的问题。

但是，是随便什么地方都可以吗？当然不是。虽然有些流浪汉愿意住在桥洞下面，但是她不希望住在桥洞下面。所以，如果你问："你想找什么样的地方？"

她回答说："我需要一个三居室，房子必须达到一定面积，我喜欢特定的风格。"这是她对理想住所的愿景。她脑海里会浮现一个画面，当她找到一个地方跟脑子里画面契合时，她就"到达"了目的地。这是愿景的功能：定义"完成状态"。

至于她的"使命"，就是找到一个符合她愿景的地方。换种说法就是，项目的使命即达成愿景。达成愿景后，问题就解决了。图 5-1 是这个例子的示意图，请注意，愿景通过三个清单来

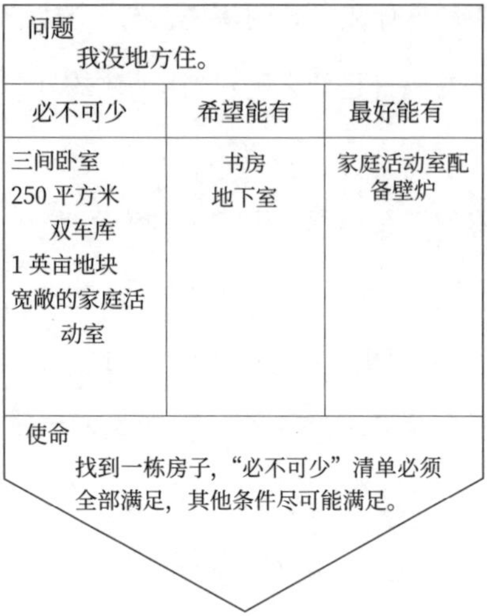

问题		
我没地方住。		
必不可少	希望能有	最好能有
三间卧室 250 平方米 双车库 1 英亩地块 宽敞的家庭活动室	书房 地下室	家庭活动室配备壁炉
使命		
找到一栋房子，"必不可少"清单必须全部满足，其他条件尽可能满足。		

图 5-1

使命、愿景及问题陈述的 V 型图

呈现，也就是必不可少、希望能有以及最好能有。

现实世界

现在我们已经知道使命、愿景和问题之间的区别，可是在现实世界中，你绝不会按这个顺序依次得到指示。你的老板或项目发起人可能会说"这是你的使命"，然后绝口不提问题是什么，发起人有可能跟你讨论一下对最终结果的愿景，但即使讨论了，也可能非常粗略。所以，项目团队的首个任务就是将这三者明确为一个所有人都能接受的形式。

你可能遇到的主要"政治"问题是，发起人既然给你一个使命，那这个使命必然是基于他对问题的定义，可有时他的定义是错误的，你得纠正他。否则，你将花费组织一大笔钱，最后发现拿出的解决方法是对的，解决的问题却牛头不对马嘴。

每个项目的真实使命

我前面说过，使命就是达成愿景，不过我要补充一点：你要达成的愿景是客户的愿景。换句话说，你应满足客户的需求，这是最主要的目标。你的动机可能是借此赚取收入，但使命一定是满足客户的需求。因此，你必须了解客户的需求，有时候这并非易事，因为可能就连客户自己都不清楚自己的需求，所以，你必须尽可能准确地"翻译"客户的需求。最保险的做法是，让客户从概念阶段到最终完成全程参与，从概念阶段到完成，这样就能持续不断地检验：你所做的工作能否达成理想结果。

项目的使命实际上就是回答下面两个问题：

- 我们要做什么？
- 我们为谁而做？

本书前一版还建议回答第三个问题：你打算怎么满足客户需求？但是，这其实不应放在使命陈述里面，使命陈述只是定义"你要做什么"，"如何做"是项目战略，应该单独处理。

制定项目目标

使命陈述制定完成后，你就可以撰写项目目标了。请注意，目标应该比使命陈述具体得多，应明确说明：为了达成所有使命，你必须完成的结果。目标还应明确说明最终的理想结果。

传统的目标设定，都是基于过去的绩效，但是，这种做法容易延续过去的错误。我希望今天早上 10 点写完本章，这是我想要的成果或结果，也就是我的目标。我达成这一目标的方法是完成一系列工作，包括在电脑上打字、查阅相关文献、就某个问题打电话给同事、打印出来并校对，以及在电脑上修改文稿。

目标应具体说明需完成的最终理想结果，工作即完成这个结果需从事的活动，目标通常是个名词，工作则是个动词。目标说明书应具备什么样的必要特征呢？有个缩写可帮助大家记忆：我们说目标必须 SMART，每个字母代表一项特征：

- Specific，具体
- Measurable，可衡量
- Attainable，可达成
- Realistic，现实
- Time limited，限制时间

就目的和目标是否应该量化的问题，威廉·爱德华兹·戴明（W. Edwards Deming）博士有过精彩的论述。他认为，为某个生产过程设定产量目标毫无意义。他说，如果系统是稳定的，那么无须设定目标，因为，系统能生产多少就是多少，超出系统能力的目标也无法达成。

反之，如果系统不稳定（统计意义上的"不稳定"），那么也无须设定产量，因为你无法搞清楚系统的能力。

就项目而言，通过考察一个人的过往绩效，我们可能可以了解其能力，但是，除非你拥有大量样本，否则，你也无法准确了解这个人的能力范围，因为一个人的绩效总是变化不定。此外，根据其他人以前的表现来设定产出也于事无补，因为，这一次是不同的人来做这项工作。

我们都知道人与人的能力不同，所以设定目的或目标时，"可衡量"与"可达成"很难做到，我将在第 6 章讨论"时间估计"时进一步说明。

下面两个问题有助于设定目标以及监控进度：

- **我们想要的成果是什么？** 这是所谓的成果框架，有助于将注意力集中在想要达成的结果，而不是所花费的努力。
- **我们如何判定已达成结果？** 我称这个问题是"证据问题"，对于无法量化的目标，这个问题有助于建立放行标准。

下面是两个目标实例：

我们的目标是在 2016 年 6 月 5 日之前，制作一支在本地电视台播放的一分钟广告，为 WXYZ 募捐。

我们的目标是在 2016 年 9 月 18 日之前，向本地观众募集到 60 万善款。

目标的本质

请注意上述目标并未说明我们如何达成，我认为"目标"是说明想要达成什么结果的一个陈述。"如何达成"涉及解决问题，我认为最好保持开放，留待之后进行头脑风暴时形成解决方法。如果将方法写进目标说明书里，那团队可能画地为牢，而这个方法可能也并非最好的方法。

评估项目风险

目标一旦确定，你就可以着手制定达成目标的计划。可惜，有时候最佳计划不一定行得通，项目管理的一个保险措施是设想可能造成失败的风险，关键目标以及计划的其他部分都需要评估风险。

最简单的风险分析方法是问下面两个问题：哪里可能出错？什么可能妨碍我们达成目标？通常最好是先列出风险，然后制定应急计划。一种做法是：将夹纸白板一分为二，让团队头脑风暴想出风险，你写在白板左边，然后回过头去列出应急计划，也就是当风险真的发生时，你能做什么来管理风险？表5-1示范了一个摄影项目的风险分析。

建议评估以下几个方面的风险：

- 时程
- 预算
- 项目质量
- 客户满意度

表 5–1　风险分析示例

哪里可能出错	应急计划
1. 曝光出错	包围式曝光
2. 照片质量不佳	多拍几张照片
3. 底片遗失或毁损	亲自送给客户
4. 因天气原因延迟	留出多余的时间

这样做风险分析的一个好处是，可能帮你避开某些风险，就算不能避开，你也有个应急计划。意料之外的风险可能让你项目失控。

还有一点，我前面提过，但是有必要再次重申：不必识别所有可能的风险，只需要识别那些可能性较高的的风险。应向那些高分析型或者性格消极的团队成员明确这一点。风险分析也一定要正面推进，也就是说，当你问："当这个风险发生时，我们该怎么做?"你肯定不希望听到有人回答说:"这太可怕了!"

我将在第 6 章详述项目风险管理的工具和技术。

本章要点

- 定义问题的方式决定你解决的方法。
- 问题就是你目前状态与你想要的状态之间的"缺口",中间存在妨碍你达成目标的障碍。目标本身不是问题,必须有障碍才成其为问题。
- 愿景即最终结果的"样子",愿景定义"完成"。
- 使命即达成愿景,是下列两个问题的答案:我们要做什么?我们为谁而做?
- 目标应满足 SMART 标准。
- "哪里可能出错"这个问题可帮你识别风险。

练习

选择你将要实施的一个项目,也可以是才刚刚开始的项目。尽你所能回答以下问题,如果有题目需要与他人交流来回答,也可以。请记住,必须执行规划的人应参与制定规划。

这个项目试图达成什么目标?将满足客户的什么需求?到底谁将使用项目最终的成果?(也就是说,谁是你真正的客户?)你的成果与客户已有的成果有何区别?

基于上述问题的答案撰写一份问题说明书。你目前状态和你想要的状态之间存在什么样的"缺口"?什么妨碍你填补这个"缺口"?

撰写一份使命陈述，回答以下两个基本问题：

1. 我们要做什么？

2. 我们为谁而做？

和你的客户讨论这些问题，不要直接把你写好的说明书给他们看。相反，你可以问一些开放式问题，看看能否间接获得确认。如果得不到确认，那你就必须修改说明书。

项目管理基础
Fundamentals of Project Management

第 6 章　确定项目风险及沟通计划

第 1 章就已说过，风险管理就是识别风险、分析风险，并做出应对的系统化过程。这里"系统性"是关键词，因为许多项目经理都是非常随意地处理风险，没有计划或计划少得可怜，这样的项目经理不说会遇到"灾难"吧，也注定会失败。话虽说得重，但是这个问题至关重要，所以也算恰如其分。对于项目无数有可能也真的会出错的地方，正式、全面的项目风险计划能确保项目经理掌握主动权。如果没有这样的计划，那出错时，你就只能被动管理，成本极大。制定计划时，系统化过程能提高纪律与效率。在第 5 章结尾部分，我高度概述了风险过程，接下来，我将论述项目风险管理的综合性方法。

定义项目风险管理

　　风险管理应早早就开始。必须清楚理解项目面临的风险。项目风险的来源几乎无穷无尽，因此详细周到的计划非常必要，典型的来源包括关键的团队成员离开、突发天气、技术故障以及供应商不给力。

许多项目经理迟迟不开始评估风险因素，一直拖着不制定风险管理计划，因为他们认为掌握的信息还不够多，还有太多未知数。你应该避免这一常见的陷阱。在项目生命周期的启动阶段，就应该实施一个高屋建瓴的初步评估。你和团队成员应该采取战略方法回答"哪里可能出错"这个问题，为详细的计划打基础。如果没有这个基础，风险很可能成真，项目将受到负面影响，可风险本可以通过应急计划预防或减轻。这属于被动的行为，但是要想做一个成功的项目经理，你必须积极主动。潜在的机会有时候被称作"正面风险"，也就是项目经理尽可能使项目受到正面影响以实现目标。

前面说过，项目风险管理是 PMBOK® 指南确认的十个知识领域之一。《指南》称项目风险管理是"对项目实施风险管理的计划、识别、分析、应对计划以及监控与控制风险的过程"。根据定义，一个过程可视作一项受到控制的没有或极少偏差的正式工作。就过程而言，偏差常常等同于低效。很重要的一点是，你利用一致认同的过程，制定风险管理计划，借此正式地管理风险。由于典型项目环境面临的现实及变数，一定程度的灵活性是合理的。随着你风险管理的经验增多，你将凭借项目的种类、长度、宽度、深度及广度，对灵活性有个直观理解。

项目风险计划的六步骤过程

六步骤过程是确定项目风险计划的一种常见的实用方法。这个过程不应闭门造车，通常需要项目团队做大量研究以及合作。

步骤 1：列出清单

进行头脑风暴。罗列潜在的项目风险时，不应做分析，而应该是正式的头脑风暴，捕捉到所有想法。该过程的步骤 2 和步骤 3，将审视这些想法。整个团队都应该参与进来，识别威胁，指出哪里可能出错，这非常重要。有些项目经理会犯一个错误，也就是凭一己之力列出清单，好让团队其他成员去做别的工作，这属于短视，并不可取。过程的首个步骤必须与人合作，让负责各项项目工作的专家参与进来。充分利用你团队的智力资产（聪明才智）。如果将某个或某些成员排除在外，那么有些风险可能就无法识别出来，给项目过程带来威胁。请记住，让每个人都参与进来，采购专员无法识别潜在的软件开发问题，反之亦然。

当你只能从一个非正式团队得到支持时，你需要遵守规程，并认识到研究的重要性，可以通过打电话、发邮件、亲自拜访或者视频会议等一切方式搜集所需的信息。通常刚开始时，你可以和非正式团队成员以及项目贡献人展开对话，讨论哪些地方可能出错。这些讨论常能识别应该联系的其他辅助人员，这种情况下，职能部门经理可以帮上很大的忙，要么是直接提供帮助，要么告诉你他们部门什么人能帮上忙。

无论哪种情况，你都应该采取全局性的方法来列清单，因为需要识别所有风险并进行处理。

步骤 2 和步骤 3：确定风险发生的可能性及其负面影响

我之所以将这两个步骤放在一起，是因为它们事关优先顺序，能帮你审视风险清单，确定所有已识别威胁的优先顺序，帮你决定每个威胁应该花多长时间、多大精力、多少人力和金钱来预防或减轻。同样地，这个过程也不能闭门造车，必须参考所有团队成员及主题专家的意见。

每个风险变为现实的可能性有多大？你需要提出这个问题并做出回答。对于头脑风暴得到的风险清单，通常只需一个高中低（HML）尺度就足够了，如果某个风险被认为发生可能性高，则标注为 H，可能性中等则标为 M，可能性低则是 L，标注不能马虎随意，需要团队合作或者项目经理进行研究及分析。

如果某个风险成真，将对项目产生多大的危害？这是第二个需要解答的问题。在评估风险的负面影响时，项目的方方面面都应该考虑到。风险发生后，将对预算、进度、资源利用、工作范围等各个层面产生何种影响？步骤 2 和步骤 3 的成果如下表所示，也就是为潜在危害评定可能性及负面影响：

风险	可能性	负面影响
A	M	L
B	M	M
C	L	L
D	H	H

如果是上表这个评定结果，那么，显而易见，你应该重点关注并着力防范风险 D，风险 C 则不必太费心。请记住，你可能出错（可惜的是，我刚做项目经理时，需要人提醒才知道）。一个风险，只是因为你标注为可能性低、影响也低，并不能保证它就确实如此，所以要时刻保持警惕。

如果你更喜欢用度量指标，那可以使用简单的数字尺度。在评估可能性及影响大小时，可以给每个风险一个数值。可能性赋值范围可以从 1 到 10，1 代表不可能，10 代表非常可能。负面影响可以采用同样的赋值方式，或者采用预算影响。

风险	可能性		¥影响		总值
A	3	×	1K	=	3K
B	7	×	1K	=	7K
C	2	×	14K	=	28K
D	5	×	3K	=	15K

根据上述分析，风险 C 需要项目团队重点关注，因为它的加权值达到 28K。还应注意，也可利用同样的方法为进度影响，甚

至资源利用赋值。

步骤 4：预防或减轻风险

有的风险能够预防，有的只能减轻，像地震或者重要干系人退休，就无法预防。步骤 4 应预防那些能预防的风险。如果识别出的一个风险能预防，那就不要让它发生。积极主动是项目经理最宝贵的品质。将风险扼杀在摇篮，不要给它机会"壮大"，这样就能"免除后患"。

例如，你的项目选了一个卖家或供应商，但是某个团队成员之前和他们打过交道，而且对其印象并不好，该团队成员告诉你说，这个供应商总是延迟发货，常被拒收。如果这个供应商不是唯一供应商（你的唯一选择），那么你就可以再找一个更可靠的供应商，以避免风险。

对于那些不能预防的风险，可以试着降低其发生的可能性，万一发生了，就减轻其影响。如果你不得不用那个有问题的供应商，那你可以制定具体的步骤，主动出击，加快对方发货流程，这样就可以减轻风险的影响。如果管理层扬言降低你项目的优先级，你可以为自己的项目游说，降低这个风险发生的可能性。

步骤 5：制定应急计划

预防措施是风险发生之前采取的步骤，应急计划则是风险发生之后将采取的具体行动。这里你要回答一个问题："如果风险发生，我们要怎么做？"

例如，某个供应商设备的验收测试存在风险，并且被评定为中高度风险，最终测试也确实没通过，那么应急计划可以是提供工程支持，但由卖家承担费用，还可以更换供应商，这个供应商应预先确定且库存有货。

应急计划和步骤 2、步骤 3 确定的优先级直接相关。如果是高优先级（可能性高，负面影响大）的风险，你最好制定多个应急计划，因为该风险很有可能发生，而且一旦发生，将对项目造成很大危害，所以你得做好预防措施。如果是优先级处于中间位置的风险，你至少要制定一个应急计划。优先级很低的风险就不必太费心，最好将精力放在别的地方。制定应急计划时，要特别注意那些可能性很低，但影响很大的风险，因为可能性低，所以很容易被忽略，可是，它们能导致项目失败，有时候也确实会给项目致命一击。

步骤 6：确定触发点

触发点通常是项目风险计划最重要的元素。触发点与应急计划直接相关，顾名思义，触发点就是风险已成为事实，项目经理需要启动应急计划。这是一个主观判断的过程，目的是在最佳时间实施预先确定的应急计划，将其价值发挥到最大。如果太早启动，你所费的时间、人力或金钱很可能打水漂。如果太晚启动，你可能已经遭受风险的全部影响，实施应急计划也就没有价值了。接下来还是用上面的例子来说明。

供应商之前都是很可靠的，但是遇到了劳资问题，还因为一次罢工倒闭了，你的应急计划也许是另找了两家备选供应商B和C。这两家供应商都有库存，但提出需要两周的前置时间来准备及发货。如果你要求的发货时间是2月15日，那么你的触发点应包含这两周前置时间，加上几天的缓冲时间，合适的触发点可以是1月31日。如果应急计划会影响到关键路径上的一项工作或多项工作（见第8章），应该考虑再多加几天缓冲时间。

触发点应该是一个具体的时间点或者一个确定的时间范围。大部分项目经理都认为这是项目风险计划最复杂的部分，但是绝对值得投入心力。我在当顾问时，常常遇到一种状况：计划做得很好，可最后都浪费了，因为应急计划最后要么没实施，要么实施的时间不对。触发点是项目经理的一个"最佳实践"，可以提高整个计划的效率。

建立储备

就算你的风险计划再完备，如果没有时间或资源采取适当的行动，那也无济于事。建立储备可确保你充分发挥风险计划的潜力。精心设计的计划，如果没有时间或预算有效实施，也只是一纸空谈。因此，你需要制定应急计划及管理储备。

储备是指，为那些已经识别并积极预防的风险所安排的时间或预算，针对的是项目已知风险。应急计划储备和前面讨论的六步骤过程（或相似的方法）直接相关，一旦完成这一过程，你就应该估计应对已识别并接受的风险所需的储备。

举个例子，如果你的项目团队已识别出一个高优先级的风险（可能性及影响），也就是关键成员退休，应急计划是从组织外面雇用一个人代替。必须估计招聘过程及新成员融入团队对成本和进度的影响，并加入应急计划储备里。

管理储备是指，在计划中为无法预测的项目风险留出的时间或预算。有时候不知道就是不知道，管理储备就是为了应对项目的未知风险。例如，如果你目前的项目涉及大量研发，利用实际数据（历史数据）分析以往类似项目后发现预算平均超支 10%，这 10% 的超支与任何具体的风险事件无关，然而，这个时候你就需要为总预算增加 10% 的管理储备。

管理多项目风险

就算不是大部分项目经理，至少也有大量项目经理是同时领导多个项目。多项目经理会遇到一些独特的问题，也就是说，管理单一项目时通常不会遇到这些问题。在多个项目的情况下，许多项目会有重叠，或者与其他项目直接相关，与典型的网络图类似（见第 8 章和第 9 章）。

你需要持有两种态度。首先，你必须具体对待每个项目及其风险。其次，你必须评估你全部的项目组合，确定这些项目之间存在什么样的关系，项目组合就是你负责的所有项目的总和，这些项目之间的关系可能大不相同。

项目集通常是指为完成同一个可交付成果的多个项目。这些项目必须适当地融合在一起，以达成目标。对于项目组合，你必须识别这些项目的工作有哪些重叠或重合，然后确定当这些项目"相遇"时，哪里可能出错。

对于项目集来说，同样需要识别错误，但是在项目集中，项目之间的关系通常更加清晰明确。例如，田径接力赛要求四名运动员传递接力棒，最快的队伍不一定会赢，因为交接棒可能不顺，甚至可能掉棒。在一个项目集中，许多项目存在前后关系（必须一个项目完成后才能开始下一个），为了确保项目之间顺利过渡，你必须特别注意"接力棒"的交接，多项目风险计划就应该关注这些事件。

协同点

无论是项目组合还是项目集，项目发生交集的地方就称为协同点。你要先找出这些协同点，然后再制定标准的多项目风险计划。这里一定要强调：多项目情况下，六步骤必须特别关注协同点。在实务中，通常是先为各个项目个别地制定风险计划，借此管理项目内的风险，然后再将注意力转向协同点，重复前述过程，借此管理项目之间的风险。项目组合或项目集的风险计划旨在多项目环境下补充或强化个别风险计划。

风险矩阵

管理多个项目的多个风险时，一个有用的工具是标准风险矩阵，如图 6-1 所示。你可以根据可能性及负面影响将风险放入象限之中。

风险放入风险矩阵之后，就可以为这些风险评定 H-M-L 优先级，位于右上角的风险拥有最高优先级，位于左下角的则优先级较低。接下来，你可以为不同项目的风险标上不同的颜色。对于项目组合或项目集管理，这个方法非常有效。

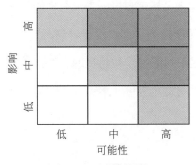

图 6-1　风险矩阵

风险登记表

针对已接受的风险采取行动并进行管理时，风险登记表是个很有用的工具，如表 6-1 所示。

风险登记表是项目风险计划的最后一个组成部分，是一个有"活力"的动态工具，能在项目整个生命周期中帮你追踪风险的状态，还能帮你识别应急计划由谁负责、采取行动的结果以及风险的激活状态。

表 6-1　风险登记表

ID	风险	结果 / 反应	负责人	P	I	激活

P = 可能性　　　　I = 影响

来源：美国管理协会研讨课，"提高你的项目管理技能：成功基础"

如果没有深入分析项目风险，那么你的团队将处于被动，在整个项目生命周期期间，都将忙于"灭火"，就时间、人力及金钱投入来说，这很可能都是最昂贵的应对方式，将危及任何项目的成功。你必须将这个关键元素加入总的项目规划，为成功打下基础。

沟通计划

我主持项目管理研讨课时，会问学员他们在项目管理中遇到的挑战，目前为止，沟通或者缺乏沟通是最常见的答案。大多数项目经理都意识到了有效沟通对项目成功的重要性，这是好事，但让人失望的是，真正采取具体措施改善沟通的项目经理少之又少。

我们首先来谈一谈电子邮件。确实，我们现在仍组织会议，仍然通过电话与干系人沟通，或者亲自拜访团队成员，但是，现在电子邮件已成为项目沟通最主要的手段。电子邮件兴起已经有段时间了，大多数人都已接受，我现在也已接受这种全世界无所不达（或者只是隔条走廊依然发邮件）的即时互动。通过电子邮件，我们可以确定回复的优先顺序，创建邮件会话，或者在必要时创建"书面记录"。这些都很不错，但是，我也观察到，我们并未完全掌握电子邮件技术，最大限度发挥其潜能。

你是否收到过长达 5 页、看上去没有尽头的电子邮件？有些电子邮件看着像献给心爱之人的小说。相反，有些邮件只写三个要点，收到邮件的人可能会疑惑：你是不是遗漏了什么内容？这样的沟通，我称之为"狂野西部"式沟通，没有规则，没有法律，也没有准则。现在的项目邮件沟通也都是这样的风格，全凭个人"兴之所至"，就像"即兴表演"一样，可是项目受范围、时间及预算限制，所以这样不行。

制定一个电子邮件准则。主动一点，确定谁应该和谁沟通，什么时候沟通，哪些邮件应该发给哪些干系人，建立邮件抄送准则。你是否有过这样的经验：度假回来，发现迎接自己的是 500 封抄送邮件，其中大部分与你或你的项目工作无关？浏览这些邮件不仅无聊累人，还非常浪费时间。你在制定电子邮件准则时，应该让团队成员一起参与进来，这样能提高沟通效率，获得他们的支持。

下面是一些使用电子邮件的建议，供项目经理及团队成员参考：

- 只把邮件发给需要知道邮件内容的人。
- 发送邮件之前要校对；使用拼写检查。
- 利用标题定下邮件的基调。
- 制定电子邮件准则并落实。
- 如果你在气头上，那稍等一下再发送。
- 不要把邮件写成小说，简洁一点。
- 虽然要保持简洁，但必须包含所有必要的信息。
- 不要把电子邮件当作避不见人的理由。
- 如果信息很敏感，那可以考虑面对面会晤。

项目沟通计划不仅应包含电子邮件准则，还应包括其他许多内容。计划一下如何在项目进行过程中有效交流。应该以正式的态度对待沟通行为，就跟你对待工作分解结构或项目章程一样。项目经理的工作会受到诸多约束，同时要求很高，所以只是"不错"通常还不够好。项目经理及团队成员必须事先确定干系人在整个项目生命周期内如何互动才能最有效率。

在制定项目沟通计划时，应回答下面几个问题：

- 你要沟通什么？

- 必须在什么时候完成沟通（例如年底）？

- 如何沟通（电子邮件、带原始签名的正式信件、会议）？

- 必须保持怎样的沟通频率？

- 谁负责沟通（确保沟通到位）？

- 和谁沟通？

一旦确定了这些问题的答案，你就能着手制定沟通计划了（表6-2示范了一个沟通计划）。

表6-2　沟通计划

ID	描述	负责人	媒介	频率	对象
1	管理现状报告	尼科尔	会议	每月一次	发起人
2	团队成员现状汇总	凯尔	一对一	两周一次	项目经理
3	详细的项目规划	苏	共享云端硬盘	按需	请求者

我认识或见过的一些优秀项目经理尽管聪明、勤奋，精通软件，但是有时候也会遭遇滑铁卢，因为他们未能正式地制定项目沟通计划并实施。他们不爱制定沟通计划，你一定要引以为鉴！

- 项目风险管理应及早开始，并贯穿项目整个生命周期。成功应对风险的关键是及早开始，为风险管理打下基础；应该积极主动，而不是消极被动；利用一个流程正式地管理风险；灵活应变。

- 制定项目风险计划的六步骤流程包括列出潜在风险清单，确定风险发生的可能性及其负面影响，预防或减轻风险，拟定应急计划，确定启动应急计划的触发点。

- 制定应急计划及管理储备，这样才能充分发挥项目风险计划的效力。

- 对于多项目风险，必须识别并分析协同点。

- 在管理多个项目的多个风险时，标准风险矩阵是很有用的工具。

- 风险登记表是组织并确定项目威胁优先顺序的有效工具。

- 制定电子邮件准则，让团队成员参与制定，取得他们支持。

- 制定项目沟通计划，这与其他项目过程同等重要。

练习

　　选择你目前正在进行或刚刚完成的一个项目，练习六步骤过程。列出潜在风险清单，利用 H-M-L 或者简单的数字尺度来确定优先级。随机挑选三个风险并确定：

　　预防措施

　　应急计划

　　触发点

　　每一项给出两三个要点即可。

项目管理基础
Fundamentals of Project Management
第 7 章　利用工作分解结构规划项目

下面三个问题：必须做什么？多长时间完成？成本多少？其中，"做什么"问题至关重要，项目失败的一个常见原因是，很大一部分项目工作被遗忘。另外，一旦确定了需要完成的工作，就必须确定所需的时间及资源，这就是所谓的"估计"。

项目规划的一个重要问题是确定工作需要花多长时间、需要多少成本。项目失败的一个主要原因就是估计错误。项目管理过程中，没控制好成本是导致压力及相互指责的一个常见原因。

工作分解结构（WBS）是完成上述任务最有用的一个工具。WBS 的出发点很简单，就是可以将一项复杂的工作分解成较小的工作，直到不能继续分解为止。当分解到不能再分解时，通常就更容易估计时间和成本，工作越复杂，估计也就更难。

尽管如此，如果是以前从未做过的工作，估计时间依然不容易。在工程软硬件开发项目中，这种情况很常见，所以许多估计可能出错，真实情况似乎也确实如此。不过，工作分解结构仍然是现有的最佳估计工具。

一个简单的例子

打个比方，如果我要清扫房间（如图7-1所示），我首先要做的是把丢在地板上的衣服、玩具及其他杂物捡起来，然后用吸尘器吸地毯，再擦洗窗户和墙壁，最后擦拭家具。这些都是清扫房间的"子任务"。

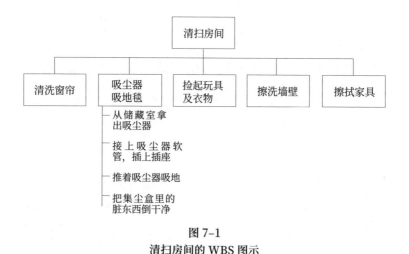

图7-1
清扫房间的 WBS 图示

对于吸尘器吸地，我要将吸尘器从储藏室拿出来，接上软管，插上插座，推着吸尘器吸地，把集尘盒里的脏东西倒干净，把吸尘器放回储藏室。这些是子任务下面更小的任务，可以称作"吸尘器吸地"。图7-1示范了清扫房间的 WBS 的格式。

请注意，在制作 WBS 时，不必在意工作顺序，我们将在排定时程时处理这个问题。不过，你很可能会按序思考，这是人的天性。制定 WBS 的主要目标是找出所有任务。所以，当你发现自己及其他成员都是按序思考时，也不用太担心，但是，千万不要过于纠结工作顺序，否则识别任务的速度将减慢。

WBS 通常分为 3 到 6 层，每层的命名如图 7-2 所示。当然，可能也会有项目需要更多层级。可将 20 层设为上限，只有大项目才用得上。请注意，第 1 层称作项目集层，项目集和项目只是规模不同而已。

研制飞机就是一个项目集，其 WBS 如图 7-3 所示。请注意，

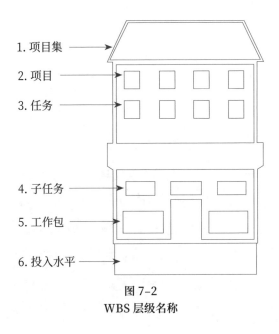

图 7-2
WBS 层级名称

设计发动机、机翼或航空电子设备都是非常庞大的工程，都能称作项目。实际上，项目集经理的工作就是确保所有项目都适当整合。发动机固定在机翼上，所以，研制发动机的工作分解结构必将包含所谓的"设计机翼挂架"。对于机翼来说，也将包含"设计发动机挂架"。如果协调不好，最终后果将是发动机无法固定在机翼上。协调工作就是所谓的"系统整合"。

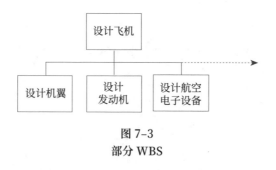

图 7-3
部分 WBS

制作 WBS 的准则

制定 WBS 面对的一个重要问题是："什么时候停止分解？"一般性的准则是，当达到以下两种状态时，就可以停止了：要么时间和成本估计能达到理想的准确度，要么分解到工作所花时间等于你想要安排的最小时间单元。例如，如果你的时间安排想要精确到天，那就分解到任务大约只要一天完成。如果你时间安排想要精确到小时，那么当任务所需时间到达这个范围时就停止。

还记得前面说过的一条准则吗，也就是做事的人应该参与规划，这条准则在这里同样适用。通常，核心人员找出 WBS 高层级的部分，这些部分再进一步由其他团队成员完善，然后集成在一起形成完整的 WBS。

一个重要的问题是：应在制定时程之前制定 WBS。实际上，WBS 是将整个项目串联起来的手段。项目经理可以借助 WBS 分配资源、估计时间和成本，WBS 还能以图形的方式呈现工作范围。之后在追踪项目时，可以判别某项工作对应于 WBS 的某个格子。

至少有一个软件包 SuperProject ExpertTM 是在输入时程数据后，才输出 WBS。这是一个不错的功能，因为输出的 WBS 图形精美好看，但是你在使用时程软件之前，应该先画个草图，原因很简单：在所有人一致认定已识别所有任务之后才能制定时程，否则会产生误导。你无法确定，利用不完整的时程识别的关键路径是否与完整时程相同。

制定 WBS 的方法有很多。理想情况是，在成功制定问题陈述和使命陈述之后，自上而下进行分解。不过，我前面就说过，人不可能总是滴水不漏地按线性方式思考。制定 WBS 时，你可能会发现，WBS 可以让你更好地理解一项工作，因此，我觉得不一定要按特定顺序去做一件事。你可以选择最适合自己的方式。

WBS 不必对称，也就是说，并非所有路径都需要分解为 6 层（或者你停止分解的任一层数）。前面说过，工作分解结构的规则是：将工作分解到估计准确度达到理想状态为止，所以，有的路径可能需要分解到 6 层，有的可能只需要 3 层。

WBS 的作用

我在前面说过，WBS 是一种呈现工作范围的好方法。如果你曾帮项目估计过成本或时间，当你把结果告诉他们并看到他们惊恐的表情，你就知道在他们心里，原本认为这个项目应该简单得多。可是，当你利用工作分解结构图呈现一个项目时，大部分人都会明白为何成本如此之大。实际上，我曾有过一个经验：规划团队的成员自己都被 WBS 的复杂和规模震惊了。如果连他们都被震惊，想想局外人将会有什么反应。

WBS 的另一个重要作用是，将任务分配到人。每一项需要完成的任务都应该分配到人，由其负责完成。可以另外做个表格列出都分配给了谁，该表格常称作责任表（见表 7-1）。

估计时间、成本及资源

一旦工作分解完成，你就可以估计时间了。但是如何估计呢？如果我问你，将一副完全打乱的扑克牌按花色排序需要多长时间？你会如何回答？

最容易想到的方法就是去尝试几次，感受一下。但是，如

表 7-1 责任表

线性责任表									
项目		发布日期			图表编号			之	
经理		修改日期			修改编号		文件: LRCFORM.61		
■■■■■■		任务描述							
项目贡献人									
编码: 1=实际负责; 2=支持; 3=必须通知; 空白=没有参与									

果你手边没有扑克牌，你很可能思考一下，想象到底要花多长时间，然后给出一个答案。通常，我收到的答案从 2 分钟到 10 分钟不等。我的测试表明，对大多数成人来说，平均时间是 3 分钟。

然而，如果是四五岁的小孩来排序，那所花时间可能长得多，因为小孩可能对扑克牌顺序不那么熟悉，甚至不那么会数数。所以，我们得到一个非常重要的结论：没确定由谁来完成任务之前，你无法估计时间或成本。第二，你必须在历史数据或心智模式的基础上进行估计，但最好是历史数据。

一般来说，我们都是利用平均时间来规划项目，也就是说，如果成年人给扑克牌排序的平均时间是3分钟，那我的估计会是：执行项目时所花时间将是3分钟。但是很显然，有些任务实际所花时间可能比平均时间长，也可能比平均时间短，不过总的来说应趋于平均数。

不过，这也只是"理当如此"，像帕金森定律就提出了不同观点。帕金森称，工作必然是掐点完成，也就是说，任务可能超时完成，但基本上不会提前完成。其中一个原因是，当人们发现时间还有剩余时，会倾向于把已完成的工作再打磨一下。另一个原因是，如果你提前交工，那下一次别人可能也会要求你提前交工或者增加你的工作量。

非常重要的一点是：你的表现比原定目标更好，可反而因此受到惩罚，未来你就不会再"重蹈覆辙"了。我们还必须理解"浮动"。我们知道，同一个人多次给扑克牌排序，每次所花时间都会有所不同。有时候要2分钟，有时候可能要4分钟。平均时间可能是3分钟，但是，3分钟及以下与3分钟及以上的次数可能各占一半，恰好3分钟的次数将非常少。

对于所有项目任务来说都是如此，因为人力不可控的外在因素，完成项目任务的时间将参差不一。还是以扑克牌排序为例，每次洗牌都会有所差异，排序的人注意力可能受外界噪音干扰，排序时一张牌不小心掉了，排序的人累了等。

你能消除这种"偏差"吗？不可能。

你能减少这种"偏差"吗？可以，通过练习，通过改变工作流程等。但重要的是，偏差一定会有，我们必须承认并接受。

估计的危害

我们先来看个例子。这天下午大概一点钟的时候，凯伦的老板走到她办公前跟她说："需要你为我做个估计，已经答应大块头四点的时候把估计结果给他，可以吗？"

凯伦挤出一丝笑容点了点头，老板又补充说："只需要一个大概的数字。"老板说完就走了。

时间这么短，凯伦只能把老板所说的项目和她一年前做的另一个项目做对比。她这里加点，那里减点，因为缺少信息，还加了一些储备金。估计结果交给老板之后，她就完全忘了这事。

两个月之后，一枚炸弹从天而降。老板满脸笑容出现在她面前对她说："还记得你替我给 XYZ 工作所做的估计吗？"

她努力想了半天，终于在老板喋喋不休的描述下记了起来。接着，老板丢了一大堆规格文件在她的办公桌上，"现在这是你的工作了，"老板说完再次飘走。

凯伦开始研读那一大堆文件，越读心越慌。这批文件与她当初做估计时老板跟她说的内容存在巨大差别，她心想："哦，好吧，我想老板肯定也知道。"

最后，她根据这堆真正的规格文件做出了新的估计，比之前那个大概的数字高出近 50%，她仔细检查后确认无误，于是带着新的估计数据去见老板。

老板只是看了一眼就勃然大怒，他大声吼道："你到底要干嘛？我已经跟那个老家伙说了，我们新的估计会和原来那个数字一样，我不可能给他一个大这么多的数字，他会杀了我。"

"可是，你当初告诉我只需要一个大概的数字，"凯伦据理力争，"所以我给了你一个大概的数字。这项工作和你之前跟我说的完全不一样，规模大得多。"

"那没办法，"老板说，"我已经把数字给他了，你必须想办法弄成原来那个数字。"

不用说，后面发生的事你应该能猜到：这项工作的成本甚至超出了凯伦的估计。尽管怨声连连，但最后凯伦还是撑了下来。不过，公司派她去上了一个项目管理的课程，很显然是希望她通过学习提高自己的估计能力。

实现有效估计的一些建议

如何才能做出准确可靠的估计？美国管理协会提供了一些建议供项目经理参考。

历史数据

向过去学习。历史数据可视为项目估计的最佳资源。这个任务上一次花了多长时间完成？这个部件花了多少钱？如果历史数据完整——也就是没有受到污染，在估计项目所需时间／成本／资源时，就可以利用这些数据。以前的经验有没有可能不具代表性呢？有可能，你可以研究一下，但是仍应该将实际的历史数据作为项目估计的最佳资源。

细化程度

确定估计所需的细化程度。如果你在项目的启动阶段，概略性的估计就足够了（见"启动"一节）。如果你已完成工作分解结构，项目已进行到规划阶段，那么你可能要更加细化。工作单位越小，估计准确度可能就更高。

估计责任人

如果实施估计的人是全权负责人，可能估计结果会更加准确。想象一下，如果估计任务所需时间的团队成员，知道自己的名字将和估计结果捆绑在一起，那他会负起责任。团队成员成为全权负责人后，将花费更多时间和精力得到一个更加准确的估计数字，如果没有这样的"全权负责"，团队成员可能敷衍了事。

人类生产力

项目经理、团队成员以及其他项目支持人员不可能一整天都100%高效，这不现实，他们可能分心，可能生病，可能加入或退出项目等。

在表7-2中，你可以看到，标准的一周工作时间——也就是 5 天 40 小时，必须进行调整，因为要考虑以下因素：项目损失（15%）、返工/纠错（10%），以及人工间接成本（15%）。如图所示，所需总时间是 56 小时，而不是 40 小时，所需工作日是 7 天，而不是 5 天。

表 7-2　人类生产力

生产力因素	小时	成本/小时	人工成本	工作日
基本估计	40	$75	$3,000	5.00
项目损失（15%）	6	$75	$450	0.75
返工/纠错（10%）	4	$75	$300	0.50
小计（直接成本）	50	$75	$3,750	6.25
人工间接成本	6	—	—	0.75
总计	56	—	—	7.00

项目经理的工作必然面对诸多现实问题，我们要受范围、时间及成本构成的约束三角形（见图 11-1）限制。相应地，在进行估计时，也必须考虑人类生产力。

估计时也不要忘了人与人之间的相互影响，毕竟团队成员不是机器人——暂时还不是。

图 7-4 展示了一个人同时进行多项工作时，通常会导致的结果。停工和开工会妨碍效率：一个人必须停止一项工作，然后再打起精神开始另一项工作，这会导致生产力降低。相反，如果好几个人共同完成一项任务，导致低效的原因可能包括：沟通量增加、可能发生冲突，以及将员工合理分组分级的需要。

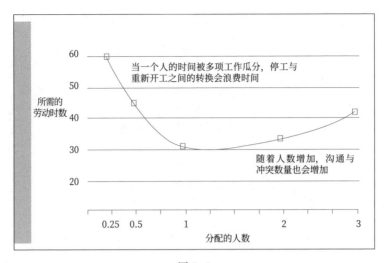

图 7-4
在时间、成本及资源之间取舍

估计的分布。"分布"能为估计过程提供更多信息，让估计更合理。假定所有情况都将糟到不能再糟，估计结果会不合理地虚高；假定所有情况都将好到不能再好，你的项目可能已注定失败，因为所有事情都绝对不能出岔子，这样才能实现估计结果。最准确的估计应该依靠经验，并反映现实。项目经理此时就应该给项目把把脉，考虑项目所有约束及变量后，确定现下最可能的结果是什么。

根据以上理念，项目经理可以利用一个简单的公式来提高估计准确度。三点估算法可以识别估计中的不确定程度。利用三种假设可以得到三组不同的估计，第一种是"乐观估计"，或者叫"最好情况"；第二种是"悲观估计"，也叫"最糟情况"；第三种是"最可能估计"。由三种估计可以得出标准平均值，也就是三者相加除以三，如图7-5所示。这一结果考虑了所有可能性，是一个可行的估计。

利用三点估算法提高准确度

$$标准平均值 = \frac{O+ML+P}{3}$$

注：O=乐观估计　ML=最可能估计　P=悲观估计

图7-5
"计算标准平均值"

计划评审技术（Program Evaluation and Review Technique, PERT）是三点估算的一个变式。1957年，为支持北极星潜射导弹计划，来自博思艾伦运筹部、洛克希德导弹系统部评估室、海军部计划评估分部及特别项目办公室的代表组成的运筹学研究团队开发出这一技术。

许多项目都包含前所未有的任务，因此没有历史数据可供参考。现已证实在此类项目的估计中，PERT是一个非常有用的工具。当不确定性很高时，尤其有效，因为悲观估计的结果可能过高。PERT和标准平均法之间的差别是，PERT是加权平均，它包含一个加权系数，也就是给最可能估计（ML）一个权重，因为根据经验及当前情况，你认为这是最有可能的结果。图 7–6 中最可能估计的权重为 4（4ML）。ML 被算了四次，乐观估计和悲观估计各一次，总共是 6 个数值，所以要除以 6 才能得到最后的 PERT 加权平均值。

使用三点估算法提高准确度

$$（PERT）加权平均值 = \frac{O+4ML+P}{6}$$

注：O = 乐观估计　　ML = 最可能估计　　P = 悲观估计

图 7–6
计算 PERT 加权平均值

许多项目经理认为，由于有加权系数，所以最后的估值肯定是接近最可能估值（ML），大部分情况下确实如此，这样的结果也没什么不妥，因为项目的不确定性常常导致悲观估值相对较高，因此可以得到一个更好的总体估值。

要记住估计是预测，是对未来的预测，必然带有不确定性，所以一定要请教主题专家，没人比他们更了解估计，也不会有人能做出比他们更准确的估计。随着项目推进，随着你越来越"聪明"，你可以调整并更新自己的估计。

提高估计能力

人只有通过反馈才能学习。举个例子，你想提高自己的跑步速度，所以每天出去百米跑，但从不计时，也就无法知道自己是变快了还是变慢了，你可能某个跑步姿势不对，妨碍了你的速度，可是你无从得知。同样地，如果你估计一项任务所需时间，却从不记录之后实际完成这项任务所花的时间，那么你就永远无法提高估计能力。另外，你还需要每天都记录时间，以追踪自己的进步，如果你只是每周记录一次时间，我保证，你到最后只能靠猜测，不会有什么帮助。

项目采购管理

工作分解结构能描述项目工作的范围，也能提供必要信息，帮你认清任务和活动的性质。项目经理常碰到一种状况：有些工作需要从外部采购商品或服务，你不必因此而恐慌，但是，如果你在以前的项目中没使用过采购订单或合同，你开始采购之前，应该了解一些基本知识。

想一想你平时的网购经验。买的所有东西都能及时送到吗？你收到的东西是你下单的东西吗，符合你的期望吗？我是在诺斯罗普·格鲁曼（Northrop Grumman）公司项目及采购部门历练过的人，我可以拍胸脯说：并非所有采购品项都能及时送到或接收。所有项目经理都必须对采购过程进行计划及管理，确保采购过程顺利完成。

向供应商及卖家采购商品和服务时，项目经理必须问以下三个问题：

- 必须买什么？
- 什么时候需要？
- 如何采购？

下一步，项目经理（或者团队成员）必须要求对方提供成本及定价数据。这个过程可能非常简单，只需要发一封电子邮件就行了，也可能相当复杂，甚至可能包括各种条款和条件，这取决于你所在行业及其他一些因素。

你应该考察以前的项目、采访拥有采购经验的同事并查看法规！我在诺斯罗普·格鲁曼时，需要遵守联邦采购法规（Federal Acquisition Regulations, FAR），里面有大量规则与要求。关于商业采购的规定少得多，享受的自由更大。如果你不确定……那就多问。

一般的邀请指南如下：

- **信息邀请书**（Request for Information, RFI）。RFI 通常只是简单要求潜在卖家提供他们产品或服务的信息，不要向这些卖家暗示任何购买承诺。
- **报价邀请书**（Request for Quote, RFQ）。RFQ 最常用于规

范或现成的商品或服务。

- **建议邀请书**（Request for Proposal，RFP）。RFP 即要求潜在供应商说明他们的商品或服务如何达成特定结果，同时说明定价。

- 卖家和买家常常用 RFQ 和 RFP 指代同一个过程，这只是个人偏好，没什么问题。

一旦选定卖家，下一步显然就是采购订单（PO）或合同。常见的 PO 类型包括：

- **严格固定价格**。价格提前约定，不能调整或改变。
- **成本加酬金**。买家支付卖家成本及约定的利润。
- **时间与材料**。买家为卖家花费的时间以及必须购买的材料埋单。

我在格鲁曼航空航天公司上班时，接触到"最佳价值采购"，在格鲁曼做采购必须遵守联邦采购法规，当时国防部还希望让采购流程更加严格。目标是确定谁是整体最佳供应商或卖家，而不是谁最便宜。你在做项目采购时，也可以用同样的标准要求自己。

不要总是选择出价低的卖家！有时候出价最低的卖家不一定是项目的最佳选择。这个卖家以前和你、你同事或者你所在组织合作过吗？确认一下，做个研究，打几个电话，发几封邮件。如果你发现这个卖家经常或总是延期，可是这一次的采购对时间很敏感，那么出价较低的卖家可能拖垮你的项目。如果你需要采购材料，可是卖家的产品曾有被拒收记录，那你也要分析进度及预算可能受到何种影响。努力选择那些能提供整体最佳价值的卖家，包括质量、准时性、可及性以及价格。最佳价值采购能帮你避免一种得不偿失的风险：最初出价最低的供应商，最后可能成为项目成本最高的一部分。

如果有采购部，一定要用起来，一定要最大限度地利用机构专业知识。项目经理有时候会选择"单打独斗"，因为他们害怕拖慢进度或者牵扯太多人进来，这种想法很糟。我几乎每次都会求助我的采购人脉，因为他们能给我答案。最不济，我也知道他们能帮我避开过去表现不佳的劣质供应商，他们可能还会推荐过去表现极好的优秀供应商。

我在诺斯罗普·格鲁曼管理的最后一个项目，需要制定一个适用于整个组织的供应商绩效评估系统。许多采购部门都已经有这样的系统，能给你提供全面的潜在供应商绩效数据。询问采购人员，利用那些现成的数据，他们甚至可能有首选供应商清单供你考察。

当你制定项目规划时，很可能会发现采购零件或服务将是预算或时程的重头戏，如果是这样，可以聘用一个全职或兼职的团队成员作为采购部门代表。如果没有采购部门，可以找一个采购代理或经验丰富的买家，找一个主题专家协助你也将大有裨益。

- 制定工作分解结构时，不必确定活动的顺序，排定时程时再来处理这个问题。
- 工作分解结构能将整个项目整合起来，用图形方式描述范围，你可以利用工作分解结构分配资源，还能估计时间和成本，进而为制定时程和预算打下基础。
- 估计的本质是猜测，所以"准确的估计"这个词自相矛盾！
- 请注意，不要把大概的估计作为实际的目标。
- 三点估算法可以识别估计中的不确定性。
- 不确定性很高时，PERT 是一个很棒的方法。
- 利用所在组织的采购部门，如果没有，可以找采购代理或者自己做个研究。
- 没有反馈就没有学习。如果你想提高自己的估计能力，那估计之后要跟踪实际所花时间。

练习

下面是准备一次露营需要完成的任务清单，绘制一个工作分解结构，确定这些任务之间的关系，把它们摆在适当的位置。答案见书后"参考答案"部分。

安排物资及设备。

选择营地。

露营地准备工作。

预定营地。

安排露营时间。

选择去营地的路线。

准备露营菜单。

确定物资及设备来源。

装车。

打包行李。

购买物资。

安排露营之旅（项目）。

项目管理基础
Fundamentals of Project Management

第 8 章　项目工作时程

项目经理需要特别关注时程，这是区分项目经理与一般管理人员的一个主要特征。第1章我们曾提过约瑟夫·朱兰博士说过的一句话：项目就是"待解决的问题"。

　　不幸的是，有些人认为项目管理没别的，就只是排定时程，这种说法不对。排定时程只是众多管理工具中的一个，而且不应被视为主要工具。

　　现在很多人都想着购买时程软件，市面上这样的软件非常多，一旦买下，他们就认为自己已然是项目经理了，不过很快他们就会发现自己错了。实际上，如果你不懂项目管理（特别是排定时程的方法），那基本上不可能有效使用时程软件。

　　对于软件，我还真的有个建议。不论你选择何种软件，都应接受一些"如何使用"的专业训练。在个人电脑时代的早期，市面上可获取的低端及高端软件存在巨大差别。低端软件很容易上手，高端软件则不同。现在，低端软件和高端软件之间几乎已不存在差距：如今两种软件都很难用，软件附带的培训材料（教程和手册）通常不是很好。此外，你也很难找到一段时间不间断地学一遍教程，中间总会被打断几次，也就是说自学很困难，最有效的方式还是去上课。

在决定上什么课之前，一定要调查下教员是否具备项目管理方面的知识。有些教授软件使用方法的老师，基本上对项目管理本身毫无所知，你提问他们也答不出来。

你可能要花两三天的课堂时间才能真正精通软件，不过，这仍然是很棒的投资，因为长远来看，软件能帮你节省很多时间。

排定时程简史

1958 年之前，排定项目时程的唯一工具是条形图（见图 8-1）。因为亨利·甘特（Henry Gantt）开发了一个利用条形图展示时程的完整标记系统，所以条形图也常称作甘特图。甘特图容易绘制，也容易理解，想让团队成员明白在给定时间内需完成哪些工作，甘特图依然是最佳工具。对有些团队来说，箭线图太复杂。不过，让分到工作的人看看箭线图也大有帮助，因为能让他们理解人与人之间都是相互依赖，所以按时完成任务很重要。

不过，条形图有个严重的缺点：很难确定一个条块代表的任务对项目剩下部分的影响（例如图 8-1 中的任务 A 如果进度落后了，也很难说清楚将对剩下的工作产生何种影响），原因是条

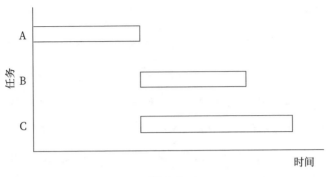

图 8-1
条形图

形图（原始格式）并未展现工作之间相互依赖的关系。（目前的软件可以展示条块之间的联系，所以更好理解，这种条形图实际上应称作"时间线关键路径时程"。）

　　为了克服这个问题，20 世纪 50 年代末到 60 年代初，又发展出两种排定时程的方法，两种都是利用箭线图反映项目活动之间的顺序及并行关系。其中一种方法由杜邦公司（DuPont）开发，名为"关键路径法"（Critical Path Method，CPM），还有一种就是前面提过的计划评审技术（PERT，见第 7 章）。尽管现在所有箭线图都被习惯地称作 PERT 网络，但是严格来讲，PERT 方法利用了概率技术，CPM 没有。换句话说，PERT 可以计算一项活动在一定时间内完成的概率，可是 CPM 无法做到。

网络图

为了展示工作顺序，可以利用图 8-2 那样的网络图。这两个图中，任务 A 先于任务 B 完成，任务 C 和它们并行。

图 8-2 的第二个网络图使用了"双代号"（activity-on-arrow）标记方式，其中箭头代表工作，圆圈代表"事件"。事件是二分的，也就是说要么发生，要么没发生。而活动，则可以部分完成。不过请注意，这里的"事件"是特殊用法。我们说一场足球赛是一个事件，尽管足球赛有个时间跨度。然而，在时程术语里，一个事件指的是一个具体的时间点，也就是某件事开始或结束的时间。

图 8-2 第一个网络图使用了"单代号"（activity-on-node）标记方式，将工作用一个方块或一个节点来表示工作，箭头表示工作顺序。单代号网络图不会标出事件，除非是里程碑事件，即项目工作主要部分完成的时间点。

为什么有两种形式的网络图呢？是否只是欺负外行人不懂？可实际上只是不同实践者开发了不同的图。

是否有优劣之分呢？没有。它们都能说明工作应该在什么时候完成，效果一样。目前两种形式都仍在使用，尽管单代号网络图用的稍微多一点，不过原因也只是现在许多个人计算机软件都是采用单代号标记方法。

CPM 或 PERT 的优点是什么？主要的优点是，通过 CPM 或 PERT，你可以判断项目能否按时完成，还能准确知道不同任

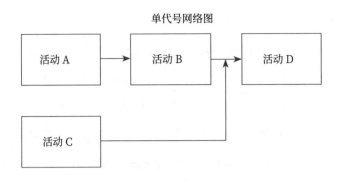

单代号网络图

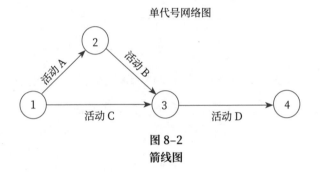

图 8-2
箭线图

务必须在什么时候完成，才能按时完成。另外，你还可以区分哪些任务有回旋余地，哪些没有。实际上，CPM 和 PERT 都能确定所谓的"关键路径"，也就是路径最长的一系列活动（不能并行完成的活动），能够决定项目最早完成时间。

关键路径就是项目网络图中最长的路径。因为没有闲置时间，关键路径上的所有活动都必须按进度准时完成，否则项目结束日期就将延后，关键活动延迟一天，项目就延迟一天。

排定时程的原因

不言而喻，排定项目时程的主要原因是，确保按时完成，大部分项目都有个最后期限。另外，由于关键路径法可以识别那些决定项目结束日期的活动，所以也能指导项目管理方式。

不过，排定时程也很容易把人带偏，让你把全部时间都用来更新或修改之类的。目前所使用的时程软件应被视为一种工具，管理者不应成为工具的奴隶。

另外，制定"看上去很美"的时程也非常容易，但一旦实行起来，就发现不可行，主要原因通常是，完成某项工作时，无法获得所需资源。实际上，除非资源分配能处理妥当，否则时程基本上就是废纸一张。幸好，现在的时程软件都能很好地处理资源分配，只是，我们都把软件手册丢在一边，不看里面有关资源分配方法的讨论。本书中，我们将简单考察如何使用网络图找出哪些地方需要进行管理。

我常听人说所在组织内工作范围及优先级经常变更，所以没必要花时间找出关键路径。这里需要考虑两个问题：首先，如果项目范围常常变更，那就是此前定义及规划花的时间不够。范围发生变更，最常见的原因是有事情被遗忘了，开始的时候多留心一点，通常能减少之后发生范围蔓延的可能性。

其次，如果优先级常发生变更，那就是管理不到位，通常是组织想要利用手头资源处理太多工作。我们每个人都会有愿望清单，但是，有些愿望我们必须暂时搁置，等待有钱有时间后再去实现。对于组织来说也是如此。经验表明，当有人同时身兼许多项目时，生产力就惨了。举个例子，当一家公司不再让员工身兼多个项目时，生产力将加倍！这显然非常重要。

那么 CPM 与此何关呢？找出关键路径后，可以确定范围或优先级变更对项目的影响。你将了解哪些活动受到影响最大，可能需要做什么才能把失去的时间补回来。另外，明确变更对项目的影响之后，管理者也能据此做出决定。因此，CPM 如果使用得当，将是无比宝贵的工具。

网络图术语定义

活动：活动必定消耗时间，也可能消耗资源，例子包括：文书工作、劳资协商、机械操作、采购零件或设备的交付时间。

关键：关键活动或事件必须在某个时间之前完成，不管怎样都不能有余地（没有闲置时间或浮动时间）。

关键路径：关键路径是网络图中的最长路径，决定项目工作最早完成时间。

事件：活动的起始点即事件，事件是具体的时间点。事件在网络图中通常用圆圈表示，可以通过命名来区分（例如字词、数字、字母编码）。

里程碑：里程碑指具有特殊意义的事件，通常是某个主要工作阶段完成的时间点。项目总结常常放在里程碑进行。

网络图：网络图也称箭线图，即用图形表示项目规划，展示活动之间的关系。

绘制箭线图

第 7 章说过，安排项目工作的时程之前，应该先确定工作分解结构。这一章还说了工作分解结构可包含 2 到 20 个层级。那么，如何根据工作分解结构制定时间表呢？我们以一项简单的工作为例，也就是打理院子，其工作分解结构见图 8-3。

这个例子中，为最低层级的任务排定时程是合适的，可是并非所有情况都能如此。有时候工作分解到 6 级，但是仅 5 级以上的活动才列入时程，原因是，你可能无法确保 6 级的任务按时完成，你管不了那么细。所以，你能管到哪一层级，就为哪一层级排定时程。这也符合一般性规则，也就是你的规划（或时程）绝不应详细到超出你能掌控的程度。有些项目，例如检修大型发电机，时程细化到小时，有些项目以天为单位，还有些大型施工的时程四舍五入到月。

规划过于详细不可取，但如果你的规划几乎没有细节，那还不如不做。一个实例是，曾有经理跟我说，他的员工想要创建持续时间达 26 周的时程。经理反对说员工绝不可能按时完成这样的任务，他们会积压工作往后拖。

他的意思是，一项为期 26 周的任务，当任务开始时，如果负责这项任务的人很繁忙，她可能会想："还有 26 周呢，不缺这一天，后面再补回来，我明天再动工吧。"然后今日复明日，等到她反应过来，已经拖得太久，结果就是积压了一大堆工作需要按时完成，所有工作都会拖到最后来完成。

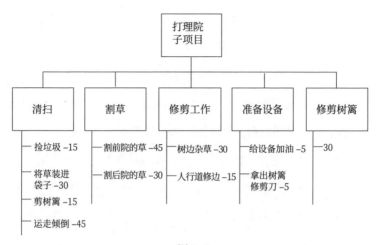

图 8-3
打理院子项目的工作分解结构

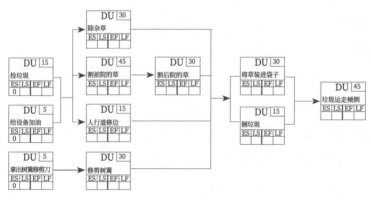

图 8-4
打理院子项目的关键路径法图示

一个不错的经验法则是，不论什么任务，持续时间都不应大幅超过4到6周，一项26周的任务可以分解为5个或6个子任务，这样的规划通常能避免工作积压到最后。

排定时程有两种方式，一种是从最后开始，往前倒推，第二种是倒过来，从前往后，通常第二种方式最简单。

第一步是确定首先做什么，有时候多项任务能同时开始，如果是这样，那就并列画下这些任务，再从这里着手往后绘制，请注意图8-4网络图的推进。有时候，需要反复数次才能完全确定顺序。

这个小项目可以分为三个阶段：准备，执行及清扫。准备工作有三项：捡垃圾、给设备加油以及拿出树篱修剪刀。清扫任务包括：将草装进袋子、把剪下来的树叶树枝打包以及垃圾运走倾倒。

在绘制这个网络图时，我遵循了排定时程的一个规则：绘图时只考虑逻辑可能，资源限制留待以后处理。以打理院子为例，如果我没人帮忙，那就不能有并行路径。可是，如果我能找到家人或邻居小孩帮忙，那就可以有并行路径了，所以这条规则的意思是：放手去排定时程，就好像一定能找到帮手。在实际工作中，这个规则非常重要，否则你永远无法搞定时程。你会担心能找谁来做这项工作，最后结果就是陷入过度分析。

另一个规则是，时间刻度保持一致，不要这里用"小时"，那里用"分钟"，统一采用"分钟"作为刻度，最后一步再转换为小时和分钟。打理院子的时程中，我统一采用"分钟"。

我的建议是，你先在纸上画出网络图，检查逻辑一致性后再输入电脑上的时程软件。如果网络图存在逻辑错误，电脑只会给你一个"垃圾进，垃圾出"的结果，不过，经过电脑处理的结果，看起来还是很能唬人的。

还有一点也很重要，也就是网络图往往不止一种"画法"，别人画的箭线图可能和你画的稍有不同。图中某些部分可能必须遵循一定顺序，但常常是有灵活性的。例如，你必须先把文件打印出来才能投递，所以，如果网络图中的顺序是先投递再打印，那就不对。结论是：虽然没有唯一正确解，但如果不合逻辑，就可以说网络图错了。

打理院子项目的网络图可以更复杂，你可以"给前院的人行道修边""给后院的人行道修边"，也可以分别为前后的树除杂草等，但是没有必要弄得这么复杂。我们通常不会说明到底要怎么做，只说出要点就行。

下一步是估计时间，每项任务的时间估计都要利用历史数据，也就是这项活动过去所花时间。不过要记住，估计时要考虑谁将执行任务，只有这样得到的结果才有效。同样是用推草机打理草坪，我 16 岁的女儿所花时间很可能比我年仅 12 岁的儿子要少。下面一章，我将阐述如何在网络图中找出关键路径，进而确定事情将花费多长时间完成。

- 项目管理不止是排定时程。

- 相比甘特图，箭线图更容易评估某个活动对项目的影响。

- 时程详细程度应以能掌控为限。

- 不论什么任务，时间表里的持续时间都不应大幅超过 4 到 6 周，如果任务时间较长，可以分解为子任务。软件及工程任务要分得更细，持续时间不能超过 1 到 3 周。

练习

根据下面的工作分解结构（图 8-5），绘制一个箭线图，其中一种解答见"参考答案"部分。

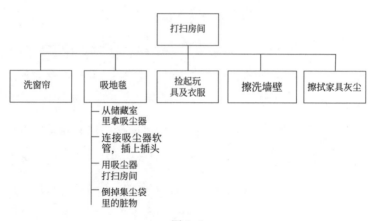

图 8-5
打扫房间的工作分解结构

项目管理基础
Fundamentals of Project Management

第9章　制定一个可行的时程

一旦绘制出合适的网络图，所有活动的持续时间也都一一确定，接下来就应该找出网络图中的最长路径，并判断其是否符合预定完成日期。因为项目的最长路径决定了项目的最短持续时间，所以这条路径上的任一活动延期，都将导致结束日期延后，所以这条路径被称作"关键路径"。

时程计算

一般来说，你都是让电脑替你做这些计算，所以你可能会问：为什么要了解人工计算方法？我的看法是，只有搞懂计算方法，你才能完全理解浮动时间、最早时间及最迟时间等概念。另外，你也很容易遇到"垃圾进，垃圾出"问题，所以，下面将简单介绍一下电脑是如何做这些计算的。（对于大多数时程，电脑都会附送一个"福利"，也就是将时间转换为日历日期，这项工作人工做起来可不容易。）

首先，考虑一下我们想了解项目的什么信息？如果项目开始时间设为 time=0，我们都想知道项目什么时候完成。不言而喻，现实中的大多数项目，都有人告诉我们必须在什么时间完成，也就是说，结束日期是规定好的。另外，工作开始时间也常常因为一些原因受到限制，例如无法获得资源、规格还没确定，或者另一个项目迟迟没有完成。所以，排定时程通常就是将工作塞进两个固定的时间点之内。不管是什么案子，我们都希望知道完成项目需要多长时间，如果无法塞进规定的时间段之内，那么我们必须采取措施缩短关键路径。

最简单的网络图计算是假定活动持续时间和指定数值完全一样。然而，活动持续时间是工作投入的资源水平的函数，开始工作时，如果资源达不到那个水平，那么任务势必无法如期完成。

因此，网络图计算必须注意资源限制，换句话说就是，资源分配将决定真正能达成何种时程！不考虑资源获取的时程基本上不可能实现。

不过，网络图计算的第一步是确定关键路径，以及理想情况下，非关键工作可以有什么样的自由度。理想情况自然是资源不受限制，因此网络图最初的计算都不用考虑资源要求。本章就是阐述这一方法，前面说过，资源分配方法应参考时程软件手册。

网络图规则

要想计算网络图开始和结束的时间，只需遵守适用于所有网络图的两条规则，见下面的规则1和规则2。有时候时程软件会使用其他一些规则，但完全是该软件的功能，不能适用于所有网络。

- 规则1：一项任务开始之前，必须先完成它之前的所有任务。
- 规则2：箭头表示工作的逻辑顺序。

基本的时程计算

我们利用图9-1的网络图来示范时程计算。首先，我们看一下里面的节点框，每个节点框里都有ES、LS、EF、LF及DU等符号，其含义如下：

- ES = Early Start，最早开始时间
- LS = Late Start，最迟开始时间
- EF = Early Finish，最早完成时间
- LF = Late Finish，最晚完成时间
- DU = Duration，任务持续时间

顺推计算

考察网络图里的一项活动，例如捡院子里的垃圾。它的持续时间是15分钟，假设开始时间是time=0，那么最快15分钟就能完成，因此，在"EF"这个格子里，就能填上15。

给割草机和除草机加油只需要花5分钟，根据这个网络图的

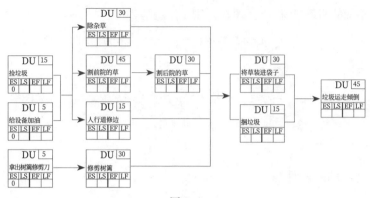

图 9-1
示范计算方法的网络图

逻辑，必须先完成这两项任务，才能开始清除杂草、割前院的草以及给人行道修边。捡垃圾需要 15 分钟，而加油只需要 5 分钟，所以，紧随其后的活动什么时候能开始？至少捡完垃圾之前是不能开始的，因为先行活动中，捡垃圾花费时间最长。

实际上，捡垃圾的最早完成时间就是接下来三个任务的最早开始时间。先行任务的最迟完成时间必然是后续任务的最早开始时间。也就是说，最长路径决定了后续任务的最早开始时间。

根据这一规则，我们可以确定每项任务的最早开始时间，如图 9-2 所示。如果所有工作都按图中标示时间完成，那么从图中可以看出，整个项目将花费 165 分钟。上面这个过程就是确定所有活动最早完成时间的所谓"顺推计算"。电脑程序也是做同样的计算，此外，还会将时间换算成日历日期，快速完成计算。

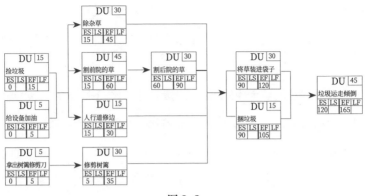

图 9-2
填入最早完成时间的网络图

规则：当一项活动前面有两项或以上活动时，这项活动的最早开始时间等于先行活动较长的那个持续时间。

备注：按照工作时间来算，最后或最终事件的时间即项目的最早完成时间。考虑周末、节假日及其他休息时间后，结束日期可能比按工作时间计算出的最早完成时间要晚不少。

逆推计算

逆推计算即计算网络图中每项活动的最迟开始时间及最迟完成时间。为此，我们必须确定项目最迟能在什么时间完成。按照惯例，我们通常不希望项目结束时间比可能的最早完成时间晚，因为这意味着低效。

我们（暂时）也不会要求项目结束时间比之前算出的最早完成时间早。如果我们想要早点完成，那就必须重新绘制网络图，或者缩短某些活动的持续时间（例如使用更多资源或者提高工作效率）。目前来说，我们采纳 165 分钟的工作时间，将它定为项目最迟完成时间。

如果"垃圾运走倾倒"的最迟完成时间是 165 分钟，持续时间是 45 分钟，那么它最迟什么时候开始？显然，165 减去 45 等于 120，也就是说这项任务最迟开始时间是 120 分钟。以此类推，我们可以得出"将草装进袋子"及"捆绑树枝树叶"的最迟开始时间分别是 90 分钟及 105 分钟。这两个时间必有一个是所有先行活动的最迟完成时间。是哪个呢？

假设是 105 分钟，因为先行任务一旦完成，后续任务就能开始，所以，"将草装进袋子"可能在 105 分钟开始。但是，"装袋"持续时间是 30 分钟，加上 105 分钟的最早开始时间，那"装袋"将在 135 分钟完成，这超出了此前确定的 120 分钟，进而项目也无法在 165 分钟完成。

因此，在做逆推计算时，先行任务的最迟完成时间必然是后续诸任务最迟开始时间的最小值。（简单来说就是：总是采用最小值！）

规则：当一项活动后面跟着两项或多项活动时，这项先行活动最迟完成时间取后续活动开始时间的较小值。

现在注意看图 9-3，字体加黑加粗的活动构成了一条路径，这些活动的 ES 与 LS 相同，EF 和 LF 相同，即这条路径没有浮动时间（也称延误自由度）。按照惯例，没有浮动时间的活动称为关键活动，一条没有浮动时间的完整路径称为关键路径，也就是说，如果这条路径上的任何工作发生延误，那么结束日期也将相应地延后。ES 与 LS 或者 EF 与 LF 存在时间差的活动浮动时间，例如，"除杂草"的 ES 是 15 分钟，LS 是 60 分钟，因此有45 分钟的浮动时间。

图 9-3 是最终的网络图，注意有些活动的 EF 与 LF 相同、ES 与 LS 相同，这些任务构成了关键路径。图 9-3 中，这些活动的字体都加黑加粗，借此标示出关键路径。

关键路径上的活动没有自由度，必须按进度完成，否则整个项目的时间将超过 165 分钟。识别关键路径后，项目经理就知道必须注意哪些活动。其他任务有自由度，或者说浮动时间，但这也不表示能忽视不管，只是说这些任务遇到问题时，导致项目

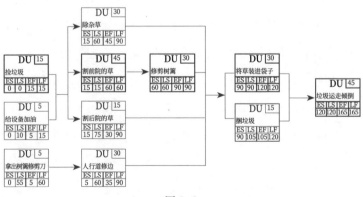

图 9-3
标示关键路径的网络图

延误的概率小一点。例如"人行道修边"任务，最早开始时间是15分钟，最迟开始时间是75分钟，两者差了60分钟，这就是该任务的浮动时间。

浮动时间的好处在哪？根据浮动时间，我们知道最迟能在75分钟开始该任务，但依然能按时完成项目。如果是你儿子负责这项任务，他可以先看60分钟电视，最后仍然能按时完成。

不过也要记住，这些时间都只是估计，也就是说，实际花费时间可能多，也可能少。只要实际花费时间不超过时程排定的时间与可用的浮动时间之和，工作就能按时完成。没有浮动时间的关键任务，必须加以适当管理，确保按时完成，做法通常是调整投入资源（人力），要么分配更多资源，要么加班工作（两种情况都是增加资源）。

不过，增加资源并不一定可行。加班常导致错误增多，进而需要返工，最后结果可能是，加班并不一定比正常上班更快完成工作。另外，如果是增加人手，必然会有一个收益递减点，到达一个程度后，他们就会相互妨碍，反而减慢工作速度，而不是加速。加班应该是为应对问题而准备的，为项目制定的时间表，绝对不能是非得靠加班才能实现。

还有一点也非常重要：应该鼓励项目团队的所有成员都留出浮动时间作为保险，防止估计出错或者发生预料之外的问题。人都倾向于在最迟开始时间开始任务，然后问题发生，结束日期延后。如果没有浮动时间，当任务花费时间超出原先计划的时间时，就会影响整个项目的结束日期，因为，一旦某项任务的浮动时间用完，它就会成为关键路径的一部分！实际上，"关键"一词的真实含义是，没有浮动时间，必须按时完成。

利用网络图管理项目

前面我提过，绘制关键路径网络图的目的是利用它来管理项目。如果不用，那排定时程就只是徒劳。下面是我在管理自己工作时，认为有用的一些要点：

- 努力按时程推进项目。赶进度总是比一开始就按照时程推进难得多。
- 留出浮动时间，防止意料之外的问题或者估计出错。
- 竭尽全力让关键路径上的任务按时完成。如果关键路径上的任务能提前完成，那更好！做完就可以开始下一项任务。
- 避免凡事求完美的"奢望"——那是下一代产品或服务要达到的标准。注意：我的意思不是让你敷衍了事，也不是说你不应该竭尽全力，我的意思是，不要奢求完美。从"完美"的词义来看，你永远无法做到完美。
- 任务持续时间的估计都是基于一个假设：该任务将具体由谁来完成。如果最后任用其他人来完成，你可能得相应地调整持续时间，如果此人技术比原定的人差，就更应调整。
- 这一条在第 7 章说过，但是由于非常重要，所以再重复一遍：不论什么任务，计划时间都不应超过 4 到 6 周。如果超过了，人就会产生一种错误的安全感而迟迟不动工，心里想着"时间还多着呢，不差这一天"。等动工的时候，通常已落后好几天，这才发现自己无法按时完成。这就是所谓的"积压"任务，将所有事都往后推。如果一项任务的持续时间超过 6 周，那最好再将其细分。必要的话，可以人为截断，然后在这个断点处检查进度，这有助于维持进度。

- 如果负责具体工作的人没有参与网络图的绘制，那么要向他们解释，讲解"浮动时间"的意思，不要隐瞒。不过，应给他们一个条形图用作参考，条形图比网络图更容易理解。跟他们解释，如果用完某项任务的浮动时间，后面的任务可能就会变成关键任务，会让负责完成这些任务的人倍感压力。

- 可能缩短任务时间的方式包括：增加资源、缩小工作范围、工作敷衍（质量打折扣），提高效率，或者更改工作流程。除了敷衍工作，其他几种方法都可以接受。当然，如果要缩小工作范围，必须与客户协商。

- 最初排定时程是基于一个假设：你能获得相应的资源。如果有人兼顾其他项目，或者你计划安排同一个人完成多项工作，这个人可能不堪重负。现在的软件通常会提醒你资源超载，或许可以帮你解决这个问题。

将箭线图转换为条形图

尽管箭线图对于分析项目活动之间的关系必不可少，但是，最好的工作工具还是条形图。负责具体工作的人，如果你给他们一张条形图，他们将一眼就能看清楚应该什么时候开始、什么候结束自己工作。图 9-4 的条形图由图 9-3 的箭线图转换而来，该条形图利用了网络图分析得到的结论。

条形图中的关键路径以黑色实心条块表示。拥有浮动时间的任务以带有一条"尾巴"的空心条块表示，"尾巴"长短表示浮动时间的长短，任务最迟可以在"尾巴"终点处结束。

这是很传统的标记方式。尽管识别关键路径及计算浮动时间是用关键路径网络图，但时程软件也能够打印条形图。有个提醒：许多软件将关键路径标为红色，开始任务则标为绿色或蓝

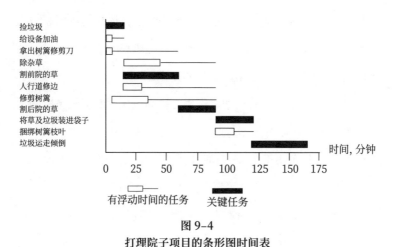

图 9-4
打理院子项目的条形图时间表

色，可是，如果用黑白打印机打印出来，所有条块可能都会变为黑色，可能让人产生疑惑，认为所有条块都代表关键活动。在电脑上，通常可以用阴影或交叉影线区分条块，而不是用色彩，这样黑白打印时就不会产生歧义。

给任务分配资源

我前面已经说过，排定时程的第一步是假设你拥有无限资源，因为这是你能假设的最好情况，如果你不能在资源无限的情况下按时完成项目，你最好早一点掌握这个情况。然而，一旦确定你能在期限内完成，就必须搞清楚无限资源假设是否会让可用的资源超载。

通常来说，你会发现自己把一个人当两个人甚至三个人用，这显然是不行的。除了那些非常简单的时程，这样的资源超载只能利用电脑软件来解决，这也是软件真正擅长的功能，不过，估计仅有少数购买软件的人会用软件来平衡资源。

我们来看图 9-5 的小型时程表，里面只包括四项任务，两项是关键任务，两项有浮动时间。任务 A 如果要在三周内完成，需要两个人，任务 B 和任务 C 都只需要一个人。可是，当项目启动时，你发现只有三个人可用，这是怎么回事呢？

可能的情况是：可用的人从来都不超过三个，但是，因为你遵循"逻辑上可并行完成的任务就并行安排"的规则，最终导致

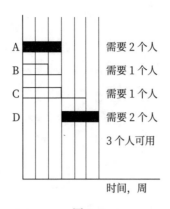

图 9-5
资源超载的时程

人手不够。也有可能是，你制定计划时有四个人可用，但是，之后有一个人被派去做另一项优先级更高的工作。

无论原因是什么，结果都是：除非做出调整，否则这个时程无法实现。变通的方法有几种，你可以从三个方面考察。首先，你应该看看是否有任务具备充足的浮动时间，可以一直等到资源可用。在上面的例子中，这个方法可行，如图 9-6 所示。

当然，这个解决方法是个很好的教科书示例，但只是偶尔可行，现实中的项目绝不会如此简单。这个例子中，因为浮动时间充足，任务 C 可以一直往后延，直到活动 B 完成。但是，更常见的情况是，活动 B 完成之前，任务 C 的浮动时间已耗尽。同样，假设任务 D 需要三个人，而不是两个人，那情况就更加复杂了，如图 9-7 所示。

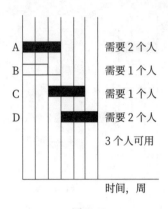

图 9-6
利用浮动时间来平衡资源的时程

由于这才是常态，所以我们必须做好准备。还可以从另外两个方面寻求解决方案，一个是变量之间的函数关系：

$$C = fx\,(P, T, S)$$

你可以看看能否缩小工作范围、变更时间限制或者工作质量打个折扣。通常来说，工作质量不容商量，但是另两项却有可能。例如，有时候你能缩小工作范围，客户依然能接受项目可交付成果。当然，如果你能在短时间内找个人救急，就不必缩小范围或质量打折，这种情况你就可以轻松一点。

你询问全权负责资源管理的人，能不能再给你一个人，她非常遗憾地说不能，甚至还说考虑把已经派给你的三个人也召回，不过你说服她收回了成命。然后，你找到项目发起人，问可不可

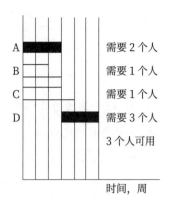

图 9–7
任务 C 浮动时间不够，无法平衡资源的时程

以缩小范围，再次被否决。

工作质量不能打折扣，你也不能及时找个合同工，你左右为难。这个时候，你想着能不能把工作流程改一改，例如，你可以将滚筒刷漆改为喷漆，这样刷墙会快很多。

假如你尝试之后仍然徒劳，然后觉得唯一能做的就是辞职，反正你从来就不想当项目经理。但是，等等，也许你还有选择。

想想我前面说过的话。你用完了任务 C 的浮动时间，所以它现在也成了关键任务。当你利用软件平衡资源时，软件会问你：你是否希望在可用浮动时间（也称为闲置时间）内排定时程？如果你回答"是"，那么一旦某项任务的浮动时间用完，就不会再往后延。这就是所谓的"时间敏感的资源平衡"，因为时间对你的项目至关重要。（时间总是很重要！）

不过，如果你回答"否"，软件就会将任务继续延后，一直等到获得资源，甚至可以错过结束日期。（这就是所谓的"资源敏感的平衡"。）将这个方法用在前面的例子上，得到图9-8的时间表。如果你能接受延迟，这个解决方法还不错。

实际上，有时候延迟太严重，几乎到了荒谬的程度。原本你的项目应该在2021年12月结束，现在软件却告诉你，因为急需资源，所以要到2025年才能结束！荒谬！延迟这么久的时程还有什么意义？

这种方法可以用来引起所有人的注意，证明资源不足会产生多大影响，必须付出代价，前提是每个人从一开始就相信你排的时程。有个人曾跟我说，他从一开始就不相信时程表，因为他认为时程表都是不现实的，一个经过精心计算的不现实的时程对他来说毫无意义。

图9-8
资源敏感条件下的时间表

我也觉得他说得对。不过，在制定项目规划时，如果大家愿意接受规划本身就存在限制，那至少这是一种将你面临的限制展现出来的方式。所有人都必须了解估计是猜测，就像市场预测及天气预报一样，两者的准确度都不怎么样。另外，我前面说过，所有活动都存在变数，如果大家不理解这一点，那我建议你辞掉项目经理，去找一份更好的工作。

可用资源

资源分配的一个重要因素是，每个人能投入多少时间做项目工作。工业工程师遵循的一个准则是：没有人的工作时间能超过 80%，也就是说，假设一天上 8 小时班，其中只有 6.4 小时能用来工作，如果谨慎一点，可以说只有 6 小时。剩下 20% 的时间，可以归结为三个因素，也就是所谓的"PFD"。"P"指"personal"，即个人时间，每个个体都必须休息；"F"指"fatigue"，即疲劳，人疲劳时生产力就会损失生产时间；"D"指"delays"，即延误，人在等待他人结果、供应或指令时，也会损耗时间。

不过，经验表明，工作时间能占到 80% 的也只有那些被绑在工作位上的人，例如工厂工人以及处理保险索赔等从事常规工作的人（即便这些人要走来走去，也是如此）。对于知识工作者，绝不可能有 80% 的时间从事生产性工作，这个比例通常接近 50%，可能更低！我知道的一家公司曾做过时间研究，长达两周的时间内，要求员工每小时记录时间日志，最后发现，项目工作仅占他们时间的 25%，剩下的时间都用在开会、不得不做的非项目工作、早就完成的工作重新找上门、为下个年度制定预算、客户支持等。

在大多数软件上，你都可以输入一项任务所需的工作时间，以及一天之内能花在这项任务上的时间比例，然后软件可以将这些估计转换为日历时间。举个例子，如果一个人只有一半时间能为你的项目工作，而她负责的任务需要的实际工作时间是 20 个小时，那么，她需要花一周（或者更多）时间来完成任务。

了解大家实际上能花在项目工作上的时间非常重要，如果不了解，那排定的时程不仅没用，可能还会更糟。我说"更糟"是因为，这样估计出的时间将"短"到产生误导，给组织造成严重破坏。做一个时间研究，确定数值，并用在估计中。如果无法接受"许多时间都浪费在了非项目活动上"这一事实，那就移除那些干扰活动，解决这个问题。

常见的解决方法是，因为那些干扰，所以必须通过加班来完成项目工作。可问题是，研究表明加班对生产力的负面影响非常大，所以，这是一场注定失败的战争。短期加班还行，但是长期加班就会让组织陷入困境。

本章要点

- 你排时程时，不用管资源限制问题。如果两项任务逻辑上能并行完成，那就并行安排。
- 关键路径是没有浮动时间的最长路径。要注意，有些项目里最长的路径，不一定是关键路径，因为其中有浮动时间。
- 没有人能将每天 80% 以上的工作时间用在生产工作上，损耗的 20% 耽误在了个人时间、疲劳及延误上。

练习

计算图 9-9 中的最早和最迟时间，以及非关键活动的浮动时间。哪些活动构成关键路径？答案见书后"参考答案"部分。

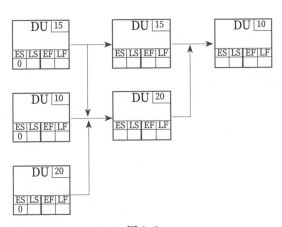

图 9-9
练习用网络图

项目管理基础
Fundamentals of Project Management

第 10 章　项目控制及评估

前面的所有步骤都只为一个目标：实现对项目的控制。这也是项目经理的职责所在：管理组织资源，以达成关键结果。

然而，对"控制"有两种理解，在当今世界，对这两种理解做出取舍非常重要。一种理解是，"控制"指支配、权力及命令。我们利用权力控制人和事，例如，一个人下指令说"跳"，被下指令的人问"跳多高"，至少过去是这样，但现在已经不怎么管用了。

我前面说过，项目经理常常责任很大，职权很小。下面我们来检验一下，看看这能否造成问题。

我曾问过几个公司领导（董事长及副董事长）。"你职权那么大，是不是你想别人做什么，他们就做什么？"

无一例外，他们的回答全是："No。"

"那怎样才能让他们做你想做的事情？"

"呃，我们分析来分析去，最后的结论是必须他们自己想做才行。"他们说。

"那么，你的职权有什么用呢？"我问。

"职权让我有权批准他们要做的事，但仅此而已。"

所以，我们发现，有权并不能让别人对你唯命是从。归根结底，你必须让他们自己愿意才行，这就意味着你必须理解人的动机，这样你才能影响他们，让他们去做需要做的事。

第二种职权是单方面采取行动的能力，也就是说，事前不必获得批准。从这个意义上来说，组织内确实存在许多管理不善的问题。我曾见过手握几百万预算的项目经理（有个项目高达 3500 万），但是，每笔开销还是必须申请批准。在项目工作开始之前，如果项目规划和预算已获得批准，而且项目经理将开销控制在这个规划范围之类，那么既然这些开销都已获得批准，为何还要再次让人签字批准？只有偏离规划时，才需要更多签字批准，还应根据这些变化修改规划。

想一想这对项目经理来说意味着什么。一方面，他们接收到的信息是："我们信任你，让你管理这 3500 万资金。"另一方面却是："但是当你花钱时，每笔开销都必须获得某位上司的批准。"一个是"我们信任你"的正面信息，另一个却是负面信息。你觉得哪种信息将占据上风？不用说，自然是负面信息。

有趣的是，我们抱怨组织里的人不愿承担更大责任，然后又把他们当成一个不负责任的人对待，完了还诧异为何他们如此不负责任。

所以，"控制"的第一层意思有权力的意味，第二层意思其实在前面章节已经说过了：控制就是将进度与规划进行比较，这样当实际情况偏离规划时才能做出纠正。这个定义也暗示，控制的主要"成分"是信息，而非权力。因此，我们要有管理信息系统，这是控制项目必不可少的要素。

遗憾的是，许多组织都有跟踪库存、销量及生产劳动力的管理信息系统，却没有跟踪项目的管理信息系统。如果没有这样的系统，你就只能手动跟踪进度。

实现团队成员自我控制

要实现对项目的控制，最终只能依靠项目团队的每个成员控制自己的工作。项目经理只有实现微观控制，才能实现宏观控制。不过，这并不是说你得进行微观管理！而是说，你应该创造一系列条件，让每个团队成员都能控制自己的工作。

这需要五个基本条件。为实现自我控制，项目成员需要：

- 明确目标后，清楚定义他们要做什么。
- 制定完成分内工作的个人计划。
- 完成任务必需的技能与资源。
- 直接掌握工作进展。
- 当实际进度偏离计划时，明确自己有什么样的职权来采取纠正措施（不能毫无职权！）。

第一个要求换句话说就是：每个团队成员都必须清楚自己的目标。需注意任务和目标之间的区别，第 5 章做过辨析。陈述目标，（必要时）向成员解释我目标的目的，这样成员就能用自己的方式实现目标。

第二个要求，每个团队成员都要有一个完成分内工作的个人计划。要记住，没有计划，就没有控制。个人层面如此，整个项目层面也是如此。

第三个要求是成员具备完成工作的技能与资源。需要资源自不必说，如果缺乏必需的技能，就必须进行培训。当没有一个员工具备所需技能时，自然有必要培训项目成员。

第四个要求，成员能直接收到工作反馈。如果曲里拐弯地收到反馈，那仍然不能实现自我控制。举个例子，如果某个团队成员的任务是砌墙，那他必须能测量墙的高度，与定好的进度进行比较，确定自己是否落后。

第五个要求，当发生偏离时，个体必须十分清楚自己有什么样的纠偏职权，绝对不能毫无职权！如果每次发生偏离，你都必须询问项目经理该怎么做，那就是项目经理在实施控制。另外，如果每个人每个细微的行动都必须寻求项目经理的批准，那项目经理的负担就太重了。

项目控制系统的特征

控制系统必须聚焦于项目目标，确保达成项目使命。为此，设计控制系统时必须注意下面这些问题：

- 对组织来说，什么是重要的？
- 我们要做什么？
- 工作的哪些层面最需要跟踪及控制？
- 实施控制的流程关键点在哪？

应在重要之处实施控制。另一方面，实施了控制的地方将变得重要。因此，如果强调预算和进度，但忽视质量，那么就只有预算和进度会实施控制。项目很可能在预算内按时完成，但是牺牲了质量。项目经理必须仔细监控质量，确保质量不打折。

采取纠正措施

控制系统应聚焦于响应：如果光有控制数据，而没有行动，系统就是无效的。也就是说，如果控制系统不利用偏离数据启动纠正措施，就不是真正的控制系统，只是个监控系统。好比说你开车，意识到自己走错了路，却什么也不做，依然沿着错误的道路前行，这就不叫控制。

不过，这里要提一个醒：我认识的一个项目经理，应对偏离的方法是陷入恐慌，开始实施微观管理。实际上，这反而妨碍了真正想解决问题的人，拖了他们的后腿。如果这个项目经理放手让他们去做，他们解决问题的速度将快得多。

及时响应

对控制数据的响应必须要及时。如果太晚行动，那也是无效的。这个问题很严重，也很常见。项目状态数据有时候会延迟四到六周，就采取纠正措施来说，延迟这么久的数据毫无用处。理想情况是，项目状态信息应能实时获取。大部分情况下，这不可能实现，对许多项目来说，每周出一次状态报告就足够了。

最终的目的是，你需要了解成员实际花在项目上的时间，将这个时间与写在计划里的时间做比较，因此数据必须准确。有些情况下，员工只是每周填写一次时间报告，而不是每天填写工作时间，这将产生许多"虚构"的记录，因为，我们大多数人都无法准确记住一周以前的事。

尽管可能很难，但是，你仍然需要让员工每天记录自己的工作时间，这样收集而来的数据才有意义。这对他们有何好处呢？也许没什么好处。也许因为你收集了这个项目的准确信息，未来的估计将更准确。不管什么情况，你都需要准确的数据，否则就不必浪费时间收集了。

如果信息收集延迟太久，项目经理最后可能"好心办坏事"。反馈系统滞后是系统理论家极为喜欢的一个主题。政府在控制经济衰退及通货膨胀时，可能发生长时间延迟，导致政府采取适得其反的举措，进一步恶化经济形势。

关于控制，还有一点很重要：如果每个团队成员都使用适当的控制方法，每周的状态报告将只是制约与平衡，这是理想情况。

设计合适的系统

不可能有适用于所有项目的控制系统，对于规模不同的项目，可能需要相应的增减。一般来说，适用于大项目的控制系统将让小项目被文书工作淹没，而适用于小项目的控制系统，大项目将不够用。

践行 KISS 原则

KISS 意指"保持简单，傻瓜！"（Keep it simple, stupid！）用最少的控制达到理想结果，才是正道。任何非必要的控制数据都应该删除。不过，上面才刚刚说过，一个常见的错误是用太简单的系统控制复杂项目。

> 没有任何问题是大到或复杂到无法逃避的。
>
> ——查理·布朗（查尔斯·舒尔茨《花生》漫画中的人物）

要想让控制变得简单，有个不错的方法是：定期检查接到报告的人是否真的有用到报告。有时候我们撰写报告的原因是，认为其中的信息对别人有用，但是，如果接到报告的人并未使用报告，我们就是在自欺欺人。为了测试，每份报告都可以附带一个备忘录，询问接收者是否希望继续接收报告；如果他们不回复，就把他们的名字从抄送名单删除。你可能会惊讶地发现有些报告根本没人用，这样的报告应该完全放弃。

项目总结会议

项目控制可分为两个方面，一是所谓的"维持"，另一个则是致力于改善质量。维持总结只是让项目保持在正轨上，改善总结则是帮助项目团队改善质量。为达成这些目标，应例行进行三类总结：

- 状态总结
- 流程或经验教训总结
- 设计总结

每个人都应该进行状态及流程总结。当然，只有设计硬件、软件或市场营销等活动时，才适合做设计总结。

状态总结的目的是维持。要问的问题是：项目的 PTCS 情况如何。只有知道这四个变量的值，才能确定项目进展到哪里了。这是第 11 章的主题。

流程指做事的方式，可以肯定的是，流程常常影响工作质量；也就是说，做事方式将影响结果。因此，改善流程是每个项目经理的职责所在，下一节将阐述具体做法。

项目评估

根据词典定义，项目评估即参照客户对结果的预期值，确定工作的总体状态是否达标，评估内容包括工作进度及质量，并与初始的规划做比较。评估将为推进项目的管理决策提供基础。评估结果必须得到每个受影响的人认可，否则，据以做出的决策将被视为无效。项目评估的主要工具是项目过程总结，通常在重大的里程碑实施，贯穿项目整个生命周期。

评估：确定或判断价值。
——《兰登书屋词典》

项目评估的目标

不总结表现的运动队，成绩肯定不会好，这也是他们为什么要分析比赛录像的原因，他们须找出需要改进的地方。换句话说，总结的目的是吸取经验教训，改掉做得不好的地方，保留做得好的地方，所以总结也可称作经验教训总结或过程总结。

我故意不用"审计"这个词，因为没人想被审计。从历史上看，审计是用来找出哪些人做了不该做的事并加以惩罚。有人来审计时，可以肯定被审计的人必然会把不想让你知道的事情藏起来，可正是这些藏起来的事才能让公司学习并成长。

威廉·爱德华兹·戴明博士曾说过，现今世界上有两类组织：一类越来越好，一类正在死去。一个停滞不前的组织正在死去，只是它还不知道而已。

原因何在？竞争者不会闲坐无事，他们会开拓创新，其中有些方面可能做得比你好。你不思进取就会被超越，不久就会失去市场。

组织里每个部分都是如此，你不能只是局部最优化，不能只是改善生产，你必须提升每个部门，这其中就包括如何运作项目。

实际上，好的项目管理能让你获得实打实的竞争优势，特别是产品开发。如果你项目管理不善，就不能很好地控制开发成本，这就意味着，你要么能卖出大量产品，要么高价高利润，这样才能收回开发成本，当初的项目也不算白做。如果你产品销量不高，就必须提高利润。

另一方面，如果你的竞争者成本控制良好，就可以压缩利润，仍能收回投资并赚钱，也就是说，因为他们项目控制得更好，所以比你更具竞争优势。

此外，要想学习，就要得到反馈，就像运动队通过分析比赛录像获得反馈。项目最后一个阶段应是最终过程总结，这个总结有助于提升项目管理。然而，过程总结不能只在项目结束时进行，相反，过程总结应在项目重大里程碑进行，或者每三个月做一次，哪个时间早就选择哪个时间，这样才能边推进工作边学习。另外，如果项目遇到严重的问题，过程总结应能揭示困境，也才能做出决定到底是继续还是终止。

下面是项目为什么要定期进行过程总结的一些一般性原因。你可以达成以下目标：

- 与项目管理人员一起提高项目质量。
- 兼顾项目工作质量，而不是仅仅偏重进度和成本。
- 揭示仍处萌芽中的问题，尽早采取行动。
- 找出（当下或未来）其他项目应调整管理方式的地方。
- 让客户了解项目状态，这也可以确保最终项目结果能满足客户需要。
- 为团队成员着想，重申组织对项目的承诺。

实施项目过程总结

理想情况下，项目过程总结应由独立检查人实施，他们在评估信息时能保持客观。过程总结应抱持学习而不是问责惩罚的精神。如果人们担心因问题受到处罚，他们就会想尽办法隐藏问题。

开诚布公很难实现。许多组织的惩罚氛围早已根深蒂固，导致人们不愿揭示任何不够完美的项目结果。克里斯·阿吉里斯博士在其著作《克服组织防卫：促进组织学习》中，描述了让组织持续采用无效实践的原因，全都是为了帮个体"保住面子"或者是避免尴尬，最终妨碍组织学习。

总结时应回答两个问题，第一个是："目前为止，我们哪些地方做得好？"第二个问题是："未来希望哪些地方能改善（或做得更好）？"请注意，我的问题不是："我们哪些地方做得很糟？"如果这样问，只会让每个人都产生戒备，因为他们会觉得你会惩罚他们。另外有种可能是：没有哪里出错，但总有改善空间。

最后，总结的结果应对外公开，否则，组织内只有进行了总结的本团队成员才能受益。如果将学到的经验教训告知其他团队，他们也能从中获益。下一节我们将说明报告应包含哪些内容。

过程总结报告

企业过程总结的程度不一，可能极为全面，可能片面，也可能不够正式且粗略。一个正式、全面的过程总结应形成一份报告。报告至少应包含以下内容：

- **项目当前的状态**。最佳方法是挣值（earned value）分析，将在第12章阐述。不过，就算不用挣值分析，仍应尽可能准确地报告当前状态。

- **未来状态**。这是预测项目未来情况，进度、成本、质量或范围是否会发生重大偏差？如果答案肯定，那报告应明确偏差的性质。

- **关键任务的状态**。报告应描述关键任务的状态，特别是关键路径上的任务。应特别注意具有高技术风险的任务，由外部供应商或分包商负责的任务也应特别注意，因为项目经理对他们可能控制力有限。

- **风险评估**。报告应提到任何已识别的风险，可能导致金钱损失、项目失败或其他问题的那些风险。

- **和其他项目有关的信息**。报告应说明此次过程总结学到了哪些经验教训，是其他项目能用上或应该用上的，无论是正在进行的项目，还是将要开始的项目。

- **过程总结的局限**。报告应说明可能限制此次过程总结有效性的因素。有任何假设是靠不住的吗？有数据缺失，或者有可能遭到污染吗？此次过程总结，有人在提供信息时不配合吗？

一般来说，项目过程总结报告越简单、越直接越好。信息应条理清晰，便于比较规划结果及实际结果，重大偏差应该重点说明并解释。

本章要点

- 对项目经理来说，应这样理解控制的含义：利用信息，将实际进度与规划进度做比较，如果偏离计划，就能采取纠正措施。

- 只有所有团队成员都控制自己的工作，项目才能真正得到控制。

- 控制项目所投入的努力是值得的，例如，你也不希望花 100 元购买只值 3 元的电池。

- 如果发生偏离后不采取行动，那就只是监控系统，而不是控制系统。

- 项目工作时间必须每天记录。如果等到一周后再来记录当初做了什么，就只能依靠记忆，最后写下来的只能是个大概。这样的数据对未来做估计没什么用处。

- 项目评估的目的是，决定项目应该继续推进，还是应该取消。过程总结也应该让团队学到经验教训，借此提高工作质量。

項目管理基础
Fundamentals of Project Management

第 11 章　变更控制过程

如果某些变更控制方法不能实施，再全面、再有效的项目规划也会白白浪费。你对项目规划的投入程度以及能力高低直接影响项目成败，是否建立变更控制过程同样事关成败。PMBOK®指南对变更过程的表述是："项目进行过程中发现问题时，就会发出变更请求，可能要求修改项目政策或程序、项目范围、项目成本或预算、项目时程或项目质量。"如果规划不能"与时俱进"，有规划等于没规划。初始的基准规划（基础）在处理当下的项目状况时，将不再有效，失去效力。

变更控制并不容易，涉及偏差及主观判断、临界值及签发。变更控制过程建立稳定性，对于管理项目生命周期内大量影响项目的变更非常必要。如果放任不管，项目规划变更将导致范围、时程及预算之间出现巨大的不平衡。关注变更管理与控制的项目经理，有一个强有力的武器对抗范围蔓延（见第3章）。当发生变更时，你要能评估它们对项目的总体影响，并相应地做出反应。

变更控制不能在真空中完成。当你做出反应和调整时，项目规划必须修改，并发送给事先确定的干系人。这些干系人通常是在项目沟通计划中进行识别。除了识别干系人，项目沟通计划还需为项目团队确定适当的沟通路径、数据分发及一般性准则或协议。这个例子很好地说明了项目整体规划的不同元素如何互补。应该出现在告知或分发名单上的干系人通常包括：项目推动者、团队成员、职能经理、支持人员、选定的外部供应商及法务人员。根据项目的要求，还可能包括其他干系人。

变更来源

变更不可避免，随着事物发展成熟，变更自然而然发生，通常是健康且可喜的。项目也不例外。然而，当发生变更，却不评估它们对项目或正面或负面的影响时，就会出现问题。变更来源多种多样，具体项目要具体分析。想想你现在手头上的项目。什么导致你修改规划或做出调整？有些项目，可能是客户或内部部门导致修改。变更可能来自所有可能的方向。图11-1展示了这一概念。

如图所示，三重约束三角形的每条边都代表一个项目约束条件。变更来源通常和这个三角形的一条或多条边有关，也就是范围、时程或预算。项目质量是个常量，应始终被视为变更控制的潜在来源及焦点。范围变更是那些影响项目可交付成果的变更。

图 11-1
三重约束三角形

当三角形发生变更时，你需要对规划做出必要的调整让三角形保持平衡，否则三角形的一条或多条边将发生偏斜并失去平衡，要想成功完成项目，就得做一些额外的工作。按照这个三角形，变更的典型来源包括，但不限于：

范围

- 因为合并而添加其他项目。
- 客户更改要求。
- 市场条件转变。
- 遇到工程问题。

时程

- 交付日期提前。
- 竞争压力加剧。

- 客户要求提前交付。

预算

- 管理层抽掉 20% 的项目预算。
- 原材料成本增加。
- 项目工作需要增加一名团队成员。

了解并识别可能的项目变更来源可助你保持主动。变更控制过程要求你做出决定，即是否处理变更请求，然后确定最有效的处理方式。有些决定很容易：客户合理要求改进设计，或者项目推动者降低项目的优先级，导致要求的交付标的延迟三个月交付。但是，项目的性质决定了许多变更在处理之前，都需要进行困难的评估、分析及各种审批。某个变更到底只是表面上的调整，还是能增加项目规划的价值，并不一定总是那么"显而易见"。正式的变更控制过程真的是你的好帮手，下一节你将看到，它帮你穿过项目变更的灰色地带，这样的灰色地带常随着项目的成熟而出现。

变更控制过程的六个步骤

变更控制过程虽不尽相同，但是，通常包含一些重要且必要的步骤。我将在这一节概述典型的项目变更控制过程的六个常见步骤。组织文化、程序及项目类型直接影响这些步骤的实施方式。项目经理通常从请求实体（个人 / 部门 / 客户）处收到变更请求。此时，你需要确认项目规划是不是最新版本，这非常重要。如果变更请求获准，就要衡量它对规划的影响，并相应地做出调整，需保证基准与时俱进。

步骤 1：将初始的变更控制信息填入你的变更控制日志

将初始变更控制信息填入你的变更控制日志，其中包含针对变更请求或处理，所采取的所有行动摘要。一个详细的变更日志最终将成为项目成熟时的"传记"（见表 11-2）。

步骤 2：决定变更是否应该处理

决定变更是否应该处理，是项目经理作为项目守门员的应尽之责。我经常看到项目经理只要有人提出变更请求，就接受请求。如果变更不合理，如果不能增加价值，或者因为其他原因不应该接受，就应该回绝。要求澄清或解释可帮助你做出合理的决定。如果决定拒绝，就在日志中标明，就此停止。如果决定接受，就着手评估变更对项目规划的影响，通常回答下面这个问题即可："变更如何影响约束三角的三条边，也就是范围、时程及预算？"

在评估影响时，质量、目标及其他项目元素也应纳入考虑。预备实施建议，然后完成变更控制表单。

步骤 3: 向管理层或客户提交建议, 请求审批

影响评估应提交给管理层或客户, 请求审批, 如有必要, 还应请求其他人批准 (即职能部门经理)。收到干系人评论后, 适当进行修改。

步骤 4: 更新项目规划

不要忘记更新项目规划! 项目节奏繁忙, 可能忘记更新, 有时候也确实会忘记。更新后的规划成为当前规划, 即建立了一个新的项目基准。

步骤 5: 分发更新后的规划

前面说过, 分发更新后的规划时, 沟通非常重要。利用这个步骤确保所有干系人都知悉这一变更以及调整后的基准规划 (例如第 7 版)。如果分发名单不全, 项目团队与一个或多个干系人之间可能出现不同步。想象一下这个场景: 你的项目团队已经在执行第 3 版规划, 可是远在加州的办公室仍在执行初始计划 (这实际上是我的一个惨痛记忆)。

步骤 6: 根据修改后的规划监控变更并追踪进展

变更活动的影响可能微不足道, 也可能严重, 可能好, 也可能坏。不要忘记检查项目三角, 确保其维持平衡。

组织文化会影响你建立变更控制过程及管理项目变更的方

式。灵活一点。我常常问参加我研讨课的人：你们是否有现成的变更控制过程作参考？有些人有，有些人没有。这也反映了我个人的经验。当我从国防行业（有扎实的项目过程）转行到成人学习领域（过程较少）时，就需要调适。如果你的工作环境没有变更过程，可以说喜忧参半。困难的地方在于，你要建立变更控制，同时面对抵触变更及漠不关心的氛围。没人愿意签字，决策过程几乎得不到任何支持。不过还是要做！发生变更时，维持对项目的控制很重要。如果无法获得干系人或部门经理的签字，那就把部门经理或干系人的名字写进变更控制表单，标上日期。这是控制机制，并非为了"挑错抓人"。

防止范围蔓延，维持三重约束三角形平衡且可控，这是项目经理的职责所在。这是你管理自己项目的工具。没有任何过程的好处是没有任何过程，你可以按照自己喜欢的方式建立过程，因为没有任何"成例"，虽然确实会很花时间很费事，但回报是属于你自己风格的过程。

如果已经有现成的变更控制程序，那就直接拿来用。通常这样的程序都是用来管理产品变更（例如 IT 或研发部门），而不是管理项目。确保采用全局性的方法管理变更，关注项目本身。

变更控制表单

变更控制表单是变更过程的控制文件，是项目经理的一个工具，用来识别、评估、以及必要时处理影响项目的变更。简而言之，它能让项目规划"与时俱进"。变更请求一旦接受，该表单就应该填写完整。数据输入不仅仅是保留记录，还要求与团队成员、干系人及主题专家进行分析、评估及协作。没有这个表单或者类似工具就没有所谓的"过程"，因为缺少了控制。

表 11-1 是一个非常全面、详细的变更表单。管理项目变更时，千万要根据自己的需求审阅这份表单并进行调整，可能需要简化，也可能需要扩充，由你决定。如果表单太烦琐，效率就会降低。如果过于简单，关键数据就会丢失。

表 11-1　项目变更控制表单

项目编号：710　任务编号：16　版本号：1　修改日期：2011.8.13

目标说明：

2011 年 12 月 31 日之前，将会计部搬迁到同一栋大楼内能容纳 22 人的新址。

变更描述：

8 月 21 日或 22 日之前，2 号场所都无法进行评估，结果是所有场所的评估时间将推迟两天。这一变更不太可能导致项目延迟，但可能使最后的场所决策推迟一天。

变更原因：

因为公司重要规划会议将占用 2 号场所两天，所以无法进行检查及评估。

表 11-1 (续)

时程变动信息					
任务编号	任务	初始开始日期	初始完成日期	新的开始日期	新的完成日期
16	评估 2 号场所	2011.8.15	2011.8.20	2011.8.17	2011.8.22

估计成本:

审批	
项目经理: 比尔·博伊德先生	日期: 2011.8.11
任务经理: 丹·奥布莱恩先生	日期: 2011.8.12
职能经理:	日期:
高级经理:	日期:

　　概要数据放在表单顶端,包括项目编号、版本号以及修改日期。我总是把目标说明也放进变更文件里,确保连续性,消除不确定性。变更会产生不确定性,不确定性不是什么好事。随着项目变更增加,建议放入初始目标说明,这样干系人就不会疑惑目标有没有因为最近的调整发生改变。如果影响巨大,可能需要更新目标说

明并达成一致，通过表单进行沟通。应对变更做简短描述，变更原因也应包括进来。项目环境多变，经过 7 个月及 37 项变更后，要想起团队为何生成 2 号变更令就有点困难了。想象一下，你有可能同时管理另外 5 个项目，应该就能明白记录原因的作用了。变更原因还可作为对系统的一个检查，确保实施变更能增加价值。

时程变更信息及估计成本带我们回到三重约束三角形。评估变更对项目时程及预算的影响后，将结果量化至关重要。有些项目经理不喜欢细化到表 11-1 所示的程度，只是将影响量化为整体进度延迟或提前，细化程度通常由风格、组织文化、项目类型等因素决定，最终由你定夺。有时候，估计成本是已落实的实际成本或者供应商给出的报价，同样决定于和变更相关的所有变量。

显然，一个有效的变更控制表单对项目控制很重要，但是其他场合也能派上用场。

我的一个同事是美国管理协会（国际）团队项目经理，他的一个直接下属在负责一个课程修订项目时问他：能不能将一本"培训师培训"课程教科书的四分之一内容由黑白变为彩色。他回答说：可能不行，因为生产成本过高。这个直接下属之后又提交了一份更加合理的变更请求，上面还有几个人的签字批准，经理评估后认为预算大约会增加 1 万美元。后来在指导委员会评审会上，经理被问到预算增加问题。他早已预料到这个问题，他翻到下一页幻灯片，是一张变更请求表单，上面已经有两个委员会成员的签名。最后，这一变更得以顺利推进。

临界值

多大的变更才能触发变更控制过程？有没有变更不够重大，因此不必填写表单，不必请人签字批准，不必投入时间及精力？对于项目经理来说，这些都是很重要的问题，是考虑临界值的绝佳时机。大部分项目过程都要求你雇用优秀的项目及商业人才。如果只是微小的变更，项目规划能够吸收，而且项目只受到极小的影响，做出必要的调整之后就可以翻篇（如例1）。不过，如果变更严重程度超过临界值，就应该采取措施，执行变更控制过程（如例2）。

例1：

如果一个500万的项目需要一个10元的变更，就不宜触发变更控制过程。根据预算约束及行业标准，一个合理的临界值可能是500元。

例2：

如果项目最后完成期限是提出变更请求之后的四个月，而估计出的时程延迟是一个星期，那就应该触发变更过程。时程临界值需要根据关键路径影响（或没有）以及完成时间来做更多分析。同样，你在做决策时，需要了解项目环境。

因为大多数项目环境瞬息万变，因此临界值应灵活，往往要听取团队成员或干系人的意见，由此确定变更对项目的影响。如果你做了功课，在管理先前项目生命周期过程中，投入了时间和精力，那么再遇到变更，你更可能做出明智的决策。

变更控制日志

本章前面提到过，变更控制过程的步骤 1 要用到变更控制日志。你可能已经想到了，变更控制日志是另外一个控制机制，用来识别提出请求的变更，并追踪那些被接受的变更。

表 11-2 给出了一个模板，你可以照搬使用，如果你觉得必要，也可以简化或扩充之后再用。如果所在组织没有标准，我建议你在不同项目中都采用一个统一、全面的方法来追踪变更。你可以酌情增减信息。

和许多项目模板一样，变更控制日志概念简单，但是要落到实处可能并不容易，关键是要自律。当变更、风险及关键路径问题纷至沓来，你必须足够自律才能停下手头工作，填写这个日志。你输入的许多信息看上去都有点不言自明或者微不足道，但是，随着项目推进，越简单的细节可能越是重要。变更编号、变更日期以及简短的变更描述是标准信息。表 11-2 还包括了请求人及状态栏。有时候，变更已被接受，但是预算、时程、技术、技能组合或其他妨碍因素，导致变更延迟执行，甚至无法执行。我偏好使用"O/C"来识别状态，即打开或关闭。接下来，你应该将变更控制表单里的时程影响及预算影响移到这里，必要时进行更新。许多项目经理还会增加一栏"范围影响"或"目标影响"，最后才是"评论"或"其他问题"。"评论"通常涉及干系人反对意见、技术问题或者对其他项目问题的评论。

表 11-2　项目变更控制日志

变更编号	变更日期	变更描述	请求人	状态O/C	时程影响	预算影响	评论
1	2011.8.12	2号场所在8月11日无法使用	吉姆·莫里森		2天	N/A	

衍生项目

想一想曾经剧烈影响你项目的变更。有些变更——无论来源是什么——可能是衍生新项目，但原项目也没有中断。有时候，因为技能组合要求、地点、预算要求、优先级降低或者其他原因，新项目可能直接取代原项目。还有些变更，因为太严重，导致项目关闭。这种重大变更通常不好处理，也绝非儿戏。甚至有可能不是一个单一的变更，而是多个变更累积，最终对项目产生剧烈影响。无论何种情况，你都需要清楚理解变更对项目的影响，并提出你的建议，这很像推销，你需要利用项目规划中的优质数据来说服对方。

出现衍生项目通常是下面这种情况：遇到剧烈变更，你和团队都觉得应该启动一个全新的项目。可能的原因包括范围失控"爆炸"，或者前面提过的那些原因。如果新项目和现有项目同时推进，通常可以并行管理，这需要协作及同步。如果新的项目经理接手管理，在新项目生命周期开始时，你很可能要协助她跟上进度，你最好全力以赴。你可能需要共享或转移自己的部分团队资源，视具体的项目环境而定。

如果新的项目是所谓的"卫星项目"，也就是子项目，那变更的影响应该小得多，此时新团队通常直接向原项目经理汇报。相反，如果新项目取代旧项目，你可以转向其他项目。如果你仍然管理新项目，那就像管理原项目一样管理新项目。从规划开始，然后视情况按部就班推进。这里很重要的一点是，那些对新项目有用的工作和数据应善加利用，还应做个细致分析，区分良莠。有些情况下，个别团队成员可能因技能组合被取代，还有可能，你必须招募一个全新的团队，同样视项目环境而定。

作为项目经理，恭喜你，你可能会做出一个决定：终止项目。就我的经验，这是个艰难的决定，但不是不可能。如果项目失去价值，就应提出看法，利用数据而不是情绪为自己的立场辩护。终止项目的原因各有不同，可是，如果你做好了自己的本分，就有办法摆事实说服对方。

拥抱变更

不要害怕项目变更，拥抱变更并进行管理。如果你和项目团队能投入精力制定出一个强有力的计划，变更管理就并非难事。和范围蔓延一样，变更发生后，常常需要对原始项目规划做出必要调整。管理变更的方式至关重要，管理得当能帮你在预算内及时出色地完成项目。

本章要点

- 出现变更后，必须进行控制并充分沟通。
- 了解并识别可能的变更来源让你掌握主动。变更来源通常是范围、时程及预算调整。
- 基准规划保持与时俱进至关重要。
- 变更控制过程常见的六个步骤是：将初始的变更控制信息输入变更控制日志；决定变更是否应该处理；向管理层或客户提交建议，请求审批；更新项目规划；分发更新后的规划；按照修改后的规划监控变更并追踪进度。
- 变更控制表单及日志是主要的控制文件。
- 决定项目变更的应对方式时，应建立临界值。
- 出现衍生项目通常是下面这种情况：遇到剧烈变更，你和团队都觉得应该启动一个全新的项目。

识别你项目最近遇到的一个需要应对的变更。根据本章学到的内容，回答以下问题：

1. 要接受这个变更吗？

2. 应不应该启动变更控制文件？

3. 这一变更将对项目三角形产生何种影响？

4. 应对方式应知会哪些人？

5. 对这个项目来说，什么样的变更临界值合适？

第 12 章 利用挣值分析控制项目

实施控制是为了实现项目目标，我们知道质量、成本、时间及范围目标无论什么时候都至关重要。另外，前面也说了，控制就是将现状与规划做比较，当发生偏离或偏差时，采取纠正措施，让项目重回正轨。

我在第10章讲过，与项目落实或直接与项目控制有关的总结是状态总结，也就是项目四个变量（PCTS）目前的状态。每次总结进度，你必须回答以下三个问题：

- 目前状态（质量、成本、时间及范围四个方面）？
- 如果出现偏离，原因是什么？
- 应该如何应对偏离？

请注意，对于第三个问题，能采取的措施只有四个：

- 取消项目。

- 无视偏离。
- 采取纠正措施，让进度重新与规划保持一致。
- 修改规划，反映无法纠正的状态变更。

有时候，项目偏离太远，已经不能继续下去，最佳做法就是取消项目。当然，项目不能草率取消，不过，当花钱就是赔更多钱的情况下，该取消项目还是要取消，及时止损，转做别的项目。

> 新的一天，新的毫无所获。
>
> ——喜剧剧集《小捣蛋》角色阿法法
>
> （由卡尔·斯维泽扮演）

对于"无视偏离"这一做法，如果你能将偏离控制在一定的"公差"范围内，实际上也没有超出这个限度，通常就可以无视，除非有迹象表明偏离最终绝对会超出这个限度，就另当别论。否则，"微调"可能只会让情况变得更糟。

对于采取纠正措施，无法一概而论，因为具体项目要具体分析。有时候加班加点就能让项目重回正轨。也有可能，你需要增加人力，或者缩小工作范围，或者修改工作流程。你必须决定自己的项目要怎么做。

如果项目依然可以继续下去，但是无论如何都不可能让它按照原规划进行，那你可能得修改规划。当然，你也可以考虑加班加点或缩小范围，但这些都不属于原规划里的要求。不过，我真正要说的是这样一种情况：已经无法"挽救"，只能修改规划，说明成本将增加、完成时间将延后或者发生别的变更。

测量进度

管理项目最困难的一点是实际测量进度。当你按照路线图行进时，你可以根据路标判断自己有没有偏离规划路线。在定义明确的工作中，例如施工项目，确定进度通常比较容易。你可以测量砖墙的高度，或者检查管道是否安装完成等。也就是说，当完成部分工作后，你能知道自己的进度。然而，当工作定义不清且只完成一部分时，你必须估计自己的进度。

对于用脑而非用手完成的知识工作来说，尤其如此。例如编写软件代码、做设计或者写书，你可能很难判断自己完成了多少，还剩多少。

不言而喻，如果你不知道自己进度如何，就无法实施控制。注意"估计进度"里的"估计"这个词，估计本质为何？

是猜测。

所以，我们是在猜测进度。

是的，我们到达时，我们会知道自己到了，可到达之前，我们都是在猜。

这听起来是不是很像《爱丽丝梦游仙境》里的句子？

天啊。

控制的定义是什么来着？让我们回顾一下——比较实际进度……

你怎么知道实际进度……

我们猜的。

……与应有进度……

哦，这要简单得多，规划里面说了。

但是规划怎么来的？

规划也是一种估计。

哦，所以，如果一种猜测与另一种猜测不一致，我们就要采取纠正措施让两者一致，是这样吗？

那个家伙在他书里就这么写的。

肯定是一本关于巫术和魔法的书。

好吧，既然不可能确切知道实际进度，那么，或许我们应该放弃这件事，凭感觉继续推进项目，对吗？

不对。

不能因为进度测量不是很准确，就下结论说不应该测量。记住，没有规划就没有控制，如果你不监控、不跟着规划走，就绝对谈不上控制。如果没有控制，哪来管理？只是漫无目的瞎晃荡罢了。

不过，需要指出的一点是，有些项目可以实施更为严格的控制。定义明确、能准确测量的工作，可以在严格的公差范围内进行控制。较为"模糊"的工作（例如知识性工作），就得允许更大的公差。管理人员必须认识并接受这一点。否则，你要想实现3%的公差，只能被逼疯，就像你想直直地推动一根湿面条或者把果冻钉进墙里。

测量项目质量 / 品质

如果你认为测量进度很困难，你应该是没测过质量。固定钢梁的螺栓拧好了吗？所有焊接都良好吗？你如何判断？

质量是最难追踪的变量，质量也常常因此而受损。同样，成本及进度往往更受关注，工作质量就常被牺牲了。这可能引发灾难，有时候工作质量不佳造成的损害可能让企业惹上官司。

尽管很难追踪，但项目经理必须特别注意质量这个变量。

挣值分析

不计成本按时完成项目与花费合理成本按时完成项目是两回事。项目成本控制就是确保不超出预算的同时，以适当的质量按时完成项目。

实现这一目标的一个体系是产生于20世纪60年代的"挣值分析",当时政府利用该方法确定是否支付承包商工程进度款。最后,挣值分析独立出来,不再是政府项目"专利",被认为几乎适用于任何项目的监控及控制。

项目经理利用偏差分析可以识别项目问题点,并采取纠正措施。下面这些定义有助于理解挣值分析:

- 成本偏差:实际完成工作的成本偏差。
- 进度偏差:计划完成工作与实际完成工作之间的差异。
- 计划完成工作的预算成本(Budgeted Cost of Work Scheduled, BCWS):在一定时间内,计划完成工作的预算成本,或者这段时间内计划投入的工作量。
- 实际完成工作的预算成本(Budgeted Cost of Work Performed, BCWP):在一定时间内,实际完成工作的预算成本,或者这些工作计划投入的工作量。BCWP也称为"挣值",是监控期间实际完成工作的金钱价值。
- 实际完成工作的实际成本(Actual Cost of Work Performed, ACWP):一定时间内,实际完成工作所花费的金钱数量(或工作量)。

可以建立相应的偏差阈值,据此确定报告必须发送给组织内哪一管理层级。

$$\text{成本偏差} = BCWP - ACWP$$

$$\text{进度偏差} = BCWP - BCWS$$

偏差：任何与计划之间的偏差。

结合成本和进度偏差，就可以建立一个整合成本 / 进度的报告系统。

利用支出曲线进行偏差分析

偏差通常采用支出曲线来表示。图 12-1 是一种 BCWS 曲线，展示了项目的累计支出计划，有时也称为"基线计划"。

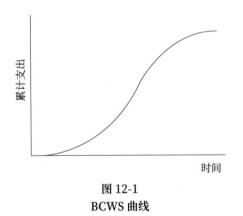

图 12-1
BCWS 曲线

没有软件提供必要数据时，表 12-1 展示了如何生成曲线所需数据。以一个简单的条形图时间表为例，仅涉及三项任务，完成任务 A 需每周 40 小时工时，平均人工费率为每小时 20 元，也就是说每周花费 800 元。任务 B 每周 100 小时工时，每小时 30 元，每周成本 3000 元。任务 C 每周支出 2400 元，也就是每周 60 小时，每小时 40 元。

表 12-1　说明累计支出的条形图时间表

任务 A		(40 小时/周) × (20 元/小时) =800 元/周							
任务 B			(100 小时/周) × (30 元/小时) =3000 元/周						
任务 C				(60 小时/周) × (40 元/小时) =2400 元/周					
每周支出	800	3800	6200	5400	5400	2400	2400	2400	
累计支出	800	4600	10800	16200	21600	24000	26400	28800	

在条形图的下方，我们可以看到项目第一周的人工费支出是 800 元；第二周，任务 A 和任务 B 并行，所以人工支出是 3800 元。第三周，三项任务并行，所以人工支出是三项总和，也就是 6200 元。这是每周的支出。

累计支出是后一周支出加上前一周累计的总和。图 12-2

利用这些累计支出数据绘制，也就是项目的支出曲线，称作"BCWS曲线"。BCWS曲线直接来自时程表，代表了计划绩效，因此被称为基线计划。另外，由于实施控制需比较实际进度与计划，这条曲线可用作比较的基础，项目经理可据此明确项目的状态。下一节将通过例子说明如何做出这样的评估。

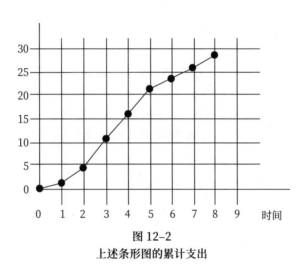

图 12–2
上述条形图的累计支出

注意图12-3所示曲线，在一个给定日期，项目人工费应为5万（BCWS）。实际完成工作的实际成本（ACWP）为6万，这个数据来自记录项目所用人工的考勤卡，通常通过会计获得。最后，实际完成工作的预算成本（BCWP）是4万。这种情况下，项目进度落后且超支。

图12-4展示了另一种情况。BCWP和ACWP曲线交于同

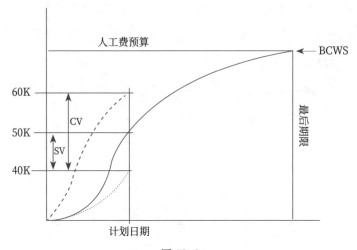

图 12-3
项目进度落后且超支的图示

一点，也就是 6 万，这表明项目进度超前，实际支出符合预算。

下面这组曲线展示了另外两种状态。图 12-5，BCWP 和 ACWP 曲线都在 4 万，这表示项目进度落后，但未超出预算。然而，因为经理花了 4 万，也获得了 4 万的价值，已完成工作的支出合适。也就是说，这种情况存在进度偏差，但没有支出偏差。

图 12-6 与图 12-3 类似，但 ACWP 和 BCWP 曲线调换了位置，这种情况表示项目进度超前且支出低于预算。

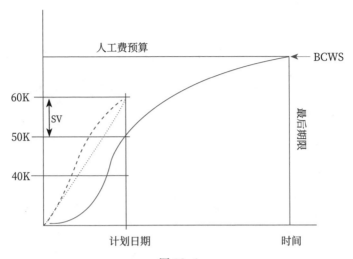

图 12-4
项目进度超前、支出符合预算

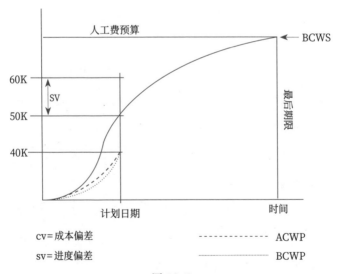

cv=成本偏差   ------------- ACWP

sv=进度偏差   ·················· BCWP

图 12-5
项目进度落后，但支出符合预算

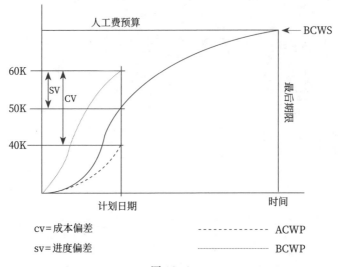

图 12-6
项目进度超前且支出低于预算

仅采用时间分析偏差

在一些组织中，项目经理不为成本负责，仅为项目实际花费的工时及实际完成的工作量负责。这种情况下，剔除支出数据就可以进行同样的分析，如下所示：

- BCWS 变为总的计划工时。
- BCWP 变为"挣时"（计划工时 × 实际完成工作占计划工作量的比例）。
- ACWP 变为实际投入工时。

仅采用工时的情况下，前述公式变为：

进度偏差=BCWP－BCWS=挣时－计划工时

人工偏差=BCWP－ACWP=挣时－实际投入工时

仅追踪时间确实会丢失一个因素。ACWP 实际上是人工费率与工时的乘积。只追踪工时的情况下，若人工费率导致项目预算出问题，你也无从得知。这一方法确实简化了分析，大概只能追踪项目经理可以控制的变量。

处理偏差

只是探测偏差还不够，下一步是理解其含义及原因。然后，你必须决定如何纠正偏差。前面我解释了出现偏差后的四种反应，如何选择，部分取决于出现偏差的原因。下面是几条一般性的原则：

当 ACWP 和 BCWP 相差无几，但比 BCWS 大（如图 12-4），通常是项目额外投入了资源，但是人工费率和最初预计的一样。出现这种情况的原因不一。可能你做好了因天气延误的准备，结果天气很好，在分析期内，你使用预算成本完成了更多工作，也就是进度超前，支出没有超过预算。

当 ACWP 和 BCWP 相差无几，但是低于 BCWS（如图 12-5），也就是与上面的情况相反，通常是投入资源不足。也许你的资源被抢走了，也许雨水比你预期的更多，又或是所有人决定一起去度个假。这种情况的问题是，你试着赶上进度时，通常会超支。

当 ACWP 低于 BCWS，BCWP 高于 BCWS 时（如图 12-6），你进度超前，支出也比预计的要少，这种情况通常是因为最初的估计太保守（很可能是为了保险）。另一种可能是你走了"狗屎运"。工作没你想得那么困难，所以你进度超前，有时候是人们比想象中更高效。这种偏差的问题是，该项目所使用的资源可能用于其他项目，也就是经济学家所说的"机会成本"。还有一种情况是，如果你总是保守估计，那么，当你和其他公司竞标项目时，很可能会落标。如果你的竞争者采用平均值来估计时程，而你保守估计，那么你对所需时间的估计可能更高，这样你就会落标。

可接受的偏差

什么是可接受的偏差？这个问题唯一的答案是："因事而异。"如果是定义明确的建筑工作，偏差可以在 +3% ~ 5% 的范围内。如果是研究及开发工作，可接受的偏差通常可提高到 +10% ~ 15% 的范围。如果是纯粹研究工作，那么"上不封顶"。想象一下，如果你在一家制药公司工作，你老板问你："告诉我，你要花多长时间、花多少钱才能研制出治愈艾滋病的药物？"

每个组织都必须根据经验制定能容忍的偏差范围，也就是"公差"。你要尽力减少公差。每一次工作进展都是减少偏差的一种尝试。我们永远无法将偏差降为零，除非将这个过程一并消除，但是零偏差必须是目标。

利用完成百分比测量进度

测量进度最常见的方法是简单估计完成百分比，就是 BCWP 测量，但是 BCWP 是一个金钱价值，而完成百分比不会转换为金钱价值。

当用线图表示完成百分比时，你可能得到一条如图 12-7 所示的曲线。大约完成 80% 或 90% 之前，基本上是线性上升，然后变为水平（表示不再有进度）。持续一段时间后，突然工作快速完成。

这是因为问题常在任务快结束时出现，要解决问题，得投入许多努力。这期间项目就不会有进展。

另一个问题是，你首先得知道自己的实际进度，我们已经说过，这基本上只能靠估计。

假设有一项任务需要在 10 周内完成。如果你在第一周结束时，问从事这项任务的人，他可能会说："完成了 10%。"在第二周结束的时候，他会说"完成了 20%"，以此类推。他这种做法是所谓的"反向推理"，推理过程是这样的："任务需 10 周完成，现在是第一周结尾，所以我必然完成了 10%。"事实是，他真的不知道自己完成了多少。不言而喻，这种情况也谈不上什么控制。可是，很多时候这是测量进度的唯一方法。

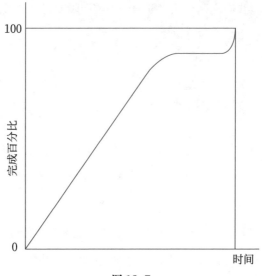

图 12-7
完成百分比曲线

本章要点

- 实施控制需要分析计划。

- 相比定义模糊的项目，定义明确的项目可以对偏差实施更为严格的控制。

- 当项目难以按时完成时，通常倾向于牺牲质量。

- 仅仅识别偏差还不够，还必须确定原因，并采取纠正措施。

- 只有凭借经验才能确定可接受的偏差范围。每个系统的能力不同。你的团队可能比别的团队更有能力将偏差控制在较小范围。

表 12-2 给出了一个项目的挣值数据，请分析数据回答以下问题。答案见书后"参考答案"部分。

1.任务进度是超前还是落后？超前或落后了多少？

2.任务是超支还是低于预算？数值是多少？

3.当任务完成时，是超支还是低于预算？

表 12-2　挣值报告

WBS#	目前累计			偏差		项目完成时		
	BCWS	BCWP	ACWP	SHED	COST	BUDGET	L.EST	VARIANCE
301	800	640	880	–160	–240	2400	2816	–416

项目管理基础
Fundamentals of Project Management

第 13 章　管理项目团队

前面的章节主要论述了项目管理的工具——如何规划，如何排定时程，如何实施控制等。不幸的是，太多项目经理认为只要掌握了这些工具，就能成功管理一个项目。他们拉起一个团队，向团队成员下达指令，然后就"袖手旁观"，最后只能是看着项目自生自灭，完了还质疑说肯定是那些工具有问题。

但问题极有可能出在人的管理上。即使在工具存在问题的情况下，也常常是人没有用好工具才导致问题出现，所以，我们将再次讨论"人"。

项目管理的工具和技术是必要的，但是并非项目成功的充分条件。我前面就说过，如果你无法与人打交道，那管理项目时将困难重重，特别是当那些人不"属于"你的时候，尤其如此。

与此相关的是将项目"小组"变为一个"团队"。项目管理太少关注团队建设。本章将提供一些团队建设的建议。

团队建设

要建设一个高效的团队，应从成团的第一天就开始。如果未能开始团队建设，那"团队"更可能像一个"小组"，而非真正的团队。在一个小组中，成员或许参与了大部分活动，但是并不一定真正投入。

对组织和项目团队来说，"承诺"都是一个大问题。在矩阵式组织中，这个问题尤其重要，因为项目团队的成员实际上是各职能部门的成员，他们有自己的老板，向项目经理报告只是"虚线报告"。

本章将论述项目经理建设团队承诺的规则。接下来让我们先讨论如何组织一个团队，让团队在正确的起跑线上起跑。[这个问题的深入讨论参见吉姆·刘易斯所著的《基于团队的项目管理》(*Team-Based Project Management*)。]

通过规划提升团队合作

规划的首要规则是执行规划的人应该参与规划。但是，领导者常常自行规划项目，然后还要问为何团队成员对其制定的规划没有承诺。

所有规划都肯定有一些"估计"，根据某些资源的可用性，估计一项任务要花多长时间之类的。在我的研讨课上，我问学员："你们的老板是不是常常觉得你们能快速完成工作，远远超出你们的实际速度？"他们都笑着表示同意。我跟他们说，老板对员工的效率持乐观态度，这好像是某种心理学法则。

当经理给一个员工分配一项工作，可是给的时间不够时，员工自然会感觉气馁，可能也不会有太高的承诺。员工可能会说："我会尽自己最大努力。"但其实口是心非。

有序组织

下面是组织项目团队的四个主要步骤：

- 确定必须要完成的任务，利用工作分解结构及问题定义等规划工具。
- 确定完成任务要求的员工配置。
- 招募项目团队成员。
- 在团队成员参与的情况下完成项目规划。

招募

下面是选择团队成员的一些标准：

- 候选者具备按时完成工作必需的技能。
- 候选者能通过参与项目满足自己的需求（参见本章"建立团队承诺"部分讨论的马奇和西蒙规则）。

- 申请者能和已确定的团队成员、项目经理及其他关键人员融洽相处。
- 不反对加班、时间紧张或其他项目工作要求。

明确团队的使命、目标及目的

彼得斯（Peters）和沃特曼（Waterman）在他们合著的《追求卓越》（*In Search of Excellence*）一书中曾说过，卓越的组织"不离本行"。他们坚持做自己擅长的事，不会"想一出是一出"，试图做自己一无所知的事。（打个比方，想象一下一支曲棍球队改行打篮球会是什么样子。）

大量案例研究及文章都讨论过这个问题，也就是组织"想一出是一出"，结果付出巨大代价，原因是他们忘记了自己的使命。项目团队同理，如果团队成员不清楚团队的使命，那么他们就会把团队带到他们认为该去的地方，但是，这可能并非组织想去的方向。第5章已论述过制定使命陈述的步骤，所以，这里不会再重复论述。然而，与你的团队合作制定一份使命陈述，这本身就是一项非常好的团队建设活动。

个人目标与团队使命冲突

经验表明，当个人需求得到满足时，团队成员对团队的承诺感最高。有时候，成员拥有所谓的"隐藏议程"，也就是不愿其他人知道的个人目的，因为他们害怕自己的目的一旦公之于众，其他人会设法阻挠。项目经理应该在达成团队目标的同时，设法帮助每个成员达成他们的个人目标，因此团队领导者也需要将隐藏议程公之于众，这样才能帮助每个成员实现其目标。当然，有时候个人目标可能过于背离团队目标，两者完全无法调和，这种情况下，如果团队领导者能发现其目标，（理想情况下）可以将他安排到另一个能实现其目标的团队。

团队问题

一个团队必须处理四个大的问题：目标、角色与责任、流程以及关系。本章，我们已讨论了明确团队的使命、目标和目的，这从来都是团队建设中最首要的步骤。

一旦明确了使命，成员必须理解自己的角色，必须清晰地定义角色。对每个成员的期望是什么，须在何时达成这样的期望？这个看似寻常的问题，团队领导者常会觉得已经清楚传达给了团队成员，可是，当你问团队成员，他们是否明白自己的目标与角色时，你往往会得到一个否定的答案。

问题在于我们没有向团队成员征求反馈意见，确保他们已经理解；此外，成员有时候也不愿承认他们未能理解。这个问题似乎要追溯到求学期间的一个现象：那些提出"愚蠢问题"的学生往往遭到打压羞辱。所以，他们不是承认自己不懂，而是自行解读收到的信息，然后尽自己最大努力把工作做好。

项目领导者必须营造一种开诚布公的氛围，让团队每个成员都敢于说出自己想法，最好的方法是直接谈论这个问题："我知道你们中有些人可能不太敢说出自己想法，不敢说你们没搞懂，但是我们不能这样。请不要有顾虑，开诚布公。如果你们不懂，就说不懂。如果你们不同意，就说不同意。只有这样，我们才可能成功。我们的时间本来就很紧，能够按时完工就算幸运了，如果因为有人不理解自己的任务而需要返工，时间就更加紧张了。"

我还发现，当我愿意承认有些问题我也不懂或者对某个项目问题感到担心时，得到的反应都非常正面。如果你散发出一种"我不可能出错"的气息，其他人也不可能承认自己存在弱点。但是，谁愿意和一个"完人"打交道呢？一点点凡人的弱点对打破人与人之间的藩篱大有帮助。我知道这与有些项目经理所受的教育不同，"我不可能出错"的大男子主义由来已久，可我认为这是造成许多组织问题的原因。现实一点，是时候抛弃这种想法了。

制定流程

接下来就要处理"如何做"的问题。这里的关键词是"流程"。工作必须尽可能高效且有效地完成，工作流程改进是当今非常重要的一个问题，常被称作"流程再造"。分析并改进工作流程才能让组织更具竞争力。

大多数团队在流程方面遇到的困难是，他们常常太专注于

"埋头苦干"，却忘了检查工作方式。团队应定期停下来，留出足够时间检查流程，看看有没有更好的工作方法。否则，团队可能越来越擅长把工作搞砸。

团队关系

人与人之间只要有互动，基本上必然会出现摩擦，会有误解、冲突、性格冲突以及小小的嫉妒，项目经理必须做好处理这些问题的准备。事实上，如果你真的不喜欢处理项目中发生的行为问题，你应该问问自己是否真的适合管理项目。无论你喜欢与否，做项目经理必然要处理行为问题，如果处理不好，最终肯定会搞砸项目。

需要注意的是，许多性格冲突是因为缺乏良好的人际交往能力。有些人可能从未学过如何坐下来处理与他人的差异，所以，当冲突不可避免地发生时，局面就会一发不可收拾。要将这类问题的影响降至最低，最好的方法是所有团队成员（包括你自己）都接受人际交往技能培训。许多组织常常忽视这个问题，因为似乎不会影响收益。很难证明，投入1美金进行人际交往培训，会带来10美金的回报。

收益无法量化的技能培训备受冷落，可是，当我们的资本资源表现不佳时，组织无论付出何种代价都要扭转局势。有趣的是，人力资源几乎是唯一可无限再生的"资源"，我们却不能采取措施使其有效发挥作用。作为项目经理，你应该做好这方面的工作。

团队发展阶段

描述团队或团体发展阶段的模型有不少。一个非常流行的模型是：形成（forming）、风暴（storming）、规范（norming）及执行（performing），四个阶段的含义都一目了然。

形成阶段关注的问题是如何融入团队、谁负责、谁做决定等。这一阶段，他们期待领导者（或其他人）给他们一些指引，也就是，给他们一个方向，帮助他们开始。领导者如果做不到，可能会将团队拱手让给某个成员，由该成员行使所谓的"非正式领导"。

对大多数人来说，风暴阶段是最让人头疼的。团队进入这个阶段后，将开始关注团队目标、是否偏离轨道、领导者是否真的称职等问题。有时候团队成员会在这个阶段对领导者发起"诘难"。

规范阶段将开始解决冲突，静下心来工作。团队将形成合作规范（不成文的规定），成员之间相处也更加舒服。每个人都能找到自己在团队中的位置，也对其他人有所了解。

最后，团队进入执行阶段，领导者不必再像之前那样费神。成员基本上合作无间，享受其中，通常能产出高质量的结果。换句话说，这个时候才算是一个真正的"团队"了。

不同阶段的领导风格

一个新成立的团队需要数量可观的指引，否则无法开始。上一节我提到过，一个领导者如果无法在第一阶段（形成阶段）提供指引，可能会被团队拒绝，然后寻求其他人的领导。形成阶段需要指导式领导。

在形成阶段，成员也希望相互认识，了解各个成员将扮演的角色。因此，领导者必须帮助团队成员相互认识，帮他们明确目标、角色及责任。此时任务导向的领导者很容易犯一个大错：他们只是让团队"开始工作"，不会帮他们相互认识。他们将相互认识单纯看作浪费时间的"社交"活动，当然，成员完全可以自己处理这些事情。可显而易见的是，如果团队里某些成员你都不认识，很难说你们是一个团队。

团队举办一次破冰派对或晚宴，可以让成员通过一种纯粹的社交方式相互认识，不会有完成任务的压力。如果这个方法不可行，必然还有别的机制来让成员熟识。

随着成员进入第二阶段，也就是风暴阶段，成员将会出现一些焦虑情绪。他们开始质疑团队的目标：我们偏离规划了吗？领导者必须利用影响力或采用说服方式，让成员相信，他们确实没有"脱轨"。他们同样需要许多心理支持。他们需要领导者帮他们确认，他们是有价值的，他们对于团队的成功至关重要，诸如此类。换句话说，这个阶段成员需要一些安抚。

管理者可能由于不喜欢冲突，而想要跳过风暴阶段。把冲突

"藏"起来，假装冲突不存在，这是错误的做法。冲突必须得到控制，避免其产生破坏性，但绝对不能逃避。如果选择逃避，那团队将会一再重回风暴阶段，再次直面冲突并试图解决，这将阻碍进度，最好是现在就解决。

团队进入规范阶段时，团队成员之间的关系变得紧密。成员开始觉得自己是一个团队，能从团队成员身份中获得一些自我认同。这个阶段成员真正投入工作，能相互支持，因为彼此之间的合作关系，这个时候可以说他们更像一个"团队"，而不是"小组"。这个阶段领导者需要采用"参与式"领导风格，比在前两个阶段更多地共享决策。

当团队进入执行阶段时，团队真正变成一个团队。领导者可以退到一边，一心一意专注于团队进度的"假设分析"、规划未来工作等，这是所谓的"授权式"领导风格，也是适合于执行阶段的领导风格。团队能产出成果，成员通常自豪于自己的成就。在这个阶段，团队成员之间应该能看出革命情感，可以相互开玩笑，大家都真心享受一起共事的状态。

要记住的一点是，团队不会永远固定在某个阶段。如果遇到障碍，团队也可能退回到第三阶段，这个时候，领导者就应该放弃授权式领导风格，改为适合第三阶段的参与式领导风格。

团队成员常常变动。当新成员加入时，你应该意识到，团队将暂时回到第一阶段，你必须带着团队从头再来，直到再次进入成熟阶段。尤其重要的是，你需要帮助大家认识新成员，了解新成员在团队中的角色，这需要花一段时间，但是如果你希望团队进展顺利，这个时间是必须要花的。

建立团队承诺

我在本章开头说过，项目经理面对的一个重要问题是，帮助团队成员建立项目承诺。团队成员被分到某个项目常常只是因为，他们是"可用"的最佳人选，并非因为他们是这项工作的最佳人选。这种情况下，他们可能对团队没有承诺。

马奇（March）与西蒙（Simon）所著的《组织》（*Organizations*）一书，给出了建立团队或组织承诺的五个规则：

- 团队成员应经常互动，让成员获得"团队感"。
- 确保个体需求在团队中得到满足。
- 让所有成员都明白他们参与的项目之所以重要的原因，人们不喜欢做无用之事。
- 确保所有成员朝着共同目标前进。一颗腐坏的苹果可以让整篮苹果跟着腐烂。
- 将团队内部的竞争降到最低。竞争与合作是对立的，成员应该是与团队以外的人竞争，而不是和团队内部的人竞争。

请注意，如果团队成员分散在不同地方，要遵守第一个规则可能不那么容易。这种情况下，成员应该经常通过电话会议、视频会议或者互联网工具会面。如果团队从不以某种方式聚在一起，那你基本上不可能把自己当作团队的一员。

最后一个建议

如果你想找一些好的带队榜样，可以去看看那些最优秀的教练，看他们是如何带队的。不过请小心，不要学那些超级"大男子主义"的教练。这样的教练可能可以带好一支运动队，因为运动员都是自己愿意，才主动进的运动队，可是，项目团队不一样，因为成员是在"不得已"的情况下才加入项目团队，所以不可能行得通。我同样建议你看一部电影《为人师表》(*Stand and Deliver*)，看一看杰米·埃斯卡兰特 (Jaime Escalante) 是如何与学生相处的。当你再次抱怨"责任太大，职权为零"时，扪心自问为何一个老师（他的职权比你更少）可以让那么多学生努力学习。为何他可以让学生参加暑期班并且每天上两节数学课？这时你将开始领悟到真正的领导是什么样子。

本章要点

- 团队不会自然形成，团队必须建设！

- 让整个团队参与规划，是启动团队建设的一种方式。

- 按顺序依次处理目标、角色与责任、流程及关系。

- 所谓的性格冲突常常是因为团队成员缺乏良好的人际交往能力。为了让团队良好运行，所有成员都应该接受这方面的培训。

- 团队应采取什么样的领导风格，取决于团队所处的阶段。形成阶段是指导式领导风格。风暴阶段是利用影响力的领导风格。规范阶段则是参与式领导风格，最后的执行阶段，你可以采用授权式领导风格。

項目管理基础
Fundamentals of Project Management

第 14 章　作为领导者的项目经理

领导项目团队时，你必须艺术与纪律双管齐下：管人的艺术，以及运用必要的项目流程以取得成功的纪律。我总是听到这种说法，因为这是"真理"。我的经验是，人这个因素常常是项目方程式最具挑战性的部分。项目推动者、团队成员、职能经理、主题专家以及几乎所有干系人都需要有效管理，才能确保项目成功。第1章和第2章介绍了"领导"的一般性定义，第13章将领导风格与项目团队发展的阶段联系在一起。本章我将集中论述作为项目领导者意味着什么，理解优势及弱点、制定章程、理解动机的重要性等。我还将讨论解决冲突的方法、团队协同以及领导（不是管理）项目会议的一个实用方法。

奠定基础

你在尝试理解并领导他人之前，应该首先花点时间做一个有意义的自我盘点。不是说你要花几天时间对自己做个精神分析，而是切实审视一下你自己的行为以及可能的行为驱动因素。这对于深入理解你的行动大有帮助，也有助于理解团队成员及其他干系人的行动。

理解自己的领导特征

在项目管理研讨课上，我常常问学员一个问题：有一天不用加班的都请举手。这是一个不必回答的问题，只是作为引子，用来强调必须重视每一次互动。由于做项目时逆天的快节奏，基本上每一次的交流都利害攸关。更好地理解自己和干系人，可提高沟通效率，也有利于做出更好的领导决策。你说服、激励以及解决冲突的能力也将提高。你为人际技能打下基础后，可以全方位避免与干系人在行为上产生不一致。你对自己个人特质及优缺点等领导特征的理解，可为你调整风格来适应干系人及情境指明方向，这将提高同频程度，提升效率。在最佳实践的层面，你越是敏捷，项目成功的机会越大。

理解自己的领导风格

我见过许多项目失败的原因都是，项目经理坚持让干系人改变，以适应他们的领导风格。我前面说过，项目团队的成熟需要你从指导式转变为授权式领导风格。这适用于大部分团队，不是没有道理的，也说明了灵活调整自己领导风格的重要性。你管理一个项目时，通常一天内要遇到许多不同的互动，这也要求你顺畅地在不同领导风格之间转换。有些项目领导者天生拥有这方面的天赋，可是有些领导者就需要学习。这项技能值得投入时间和心力。就像变色龙改变皮肤颜色适应环境一样，你也应该根据不同人、不同环境或不同情境，调整自己的领导风格，以此保证效率。

我们大多数人肯定都有自己偏爱的领导风格，感觉自在的领导风格，也就是所谓的"舒适区"。这往往会增加项目经理向领导者转变的难度。你随性而为时最舒服，可是当环境要求你有所突破时，就需要一定的努力。要想成为一个高效的项目领导者，你得知道在改变自己行为时，很可能会觉得心不甘情不愿。如果和某个干系人打交道时，需要使用指导式风格，可是不巧，你最不喜欢这个风格，那你也应该有意识地自律并灵活一点，放下你偏爱的风格，变换为指导式风格。关注项目领导的这些细节，有助于提高领导风格、干系人行为特征及每天遇到的大量项目场景之间的一致性。图 14-1 可以很好地说明这种一致性。

培育项目追随者

在 20 世纪后期，项目经理作为领导者这一概念几乎无人关注。在状态会议上，团队成员通常只是报告自己行动项的进度（现在也是如此）。如果工作没有完成，该成员很可能会被点名批评，或者其职能经理的职位被撤下。项目团队的人员流动十

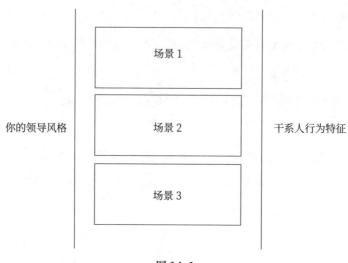

你的领导风格　　　　　场景1

　　　　　　　　　　　场景2　　　　　干系人行为特征

　　　　　　　　　　　场景3

图 14-1
领导风格及一致性

分常见。

　　如今时代变了。高效的项目领导已被学界、从业者以及像我这样的作者认定为项目取得成功的一个组成部分。基于项目的组织（即大部分工作都通过项目完成的组织）的崛起、全球项目的虚拟性质与影响范围，以及文化多样性，都对领导者提出了更高要求，而不只是一个团队的管理者。领导者需要追随者，项目领导者也不例外。

在工作关系中保持一致

　　为了让团队成员及干系人能满含热情地完成或支持项目工作，你需要得到他们的信任与尊重，甚至可能是钦佩。说到做到以及在工作关系中保持一致非常重要。例如，如果一个体育教练原本是暴躁严苛风格，可是在赛季中期突然作风大改，那团队将迷惑混乱，成绩很可能受到影响。追随者不会期待项目领导者处处完美，但是大多数追随者会要求他们保持一致。如果你保持一致，将鼓舞团队和干系人的士气。

鼓励冒险并消除失败恐惧

作为项目领导者，你应该鼓励冒险，并努力消除对失败的恐惧。如果害怕犯错，团队将束手束脚，绩效也会受到影响。利用每个人的知识与能力，让团队成员在项目里淋漓尽致地发挥。错误能带来重要机会，这听上去有点反常识，但是错误不仅能积累经验教训，你也可以利用错误来塑造行为，为团队氛围定下基调。我作为项目领导者的职业生涯中，学到的一个最佳实践是，充分利用我犯的首个错误。我会宣布我做错了什么，说"我的错"，然后解释我打算如何弥补错误。如果团队成员看到你是开放的，愿意分享自己的错误，他们也会有样学样，在项目推进过程中谨慎地冒险。

建立正面的异议文化

和团队首次会面时，我说的第一句话就是"忘掉头衔，没大没小"。这是一个重要的基本原则，有助于建立正面的异议文化。如果项目处于风暴阶段，但会议却过度地和气友好，那就有问题了，这很有可能是一个有诸多限制的失能团队。不是说让你鼓励冲突，而是，你要激发出不同的观点。作为项目领导者，你要创造出一个鼓励想法及观点交换的氛围，让成员不必担心会受到报复。这种正面的异议文化有助于想法流通，在你做战略及战术决策时提供帮助。如果你周围都是唯你是从的人，你的想法就缺乏必要的把关，项目很可能会停滞不前，你的追随者就无法发挥其真正的价值。

激励

所有项目经理都要求团队成员按时完成工作。作为一个高效的项目领导者，你还需要做到：尽可能让成员表现到最好。要挖掘出团队的最大潜力，你得将团队成员当作个体对待，而不只是一群必须赶在截止日期之前完成工作的劳力。你激励个体，就是激励团队，还能为高绩效环境打下基础。相反，一个没受到激励的团队，就算项目技术方面没问题，也难以取得成功。

有些项目领导使用自测工具来识别团队成员的特质及可能的激励触发器。尽管这种方法在很多情况下被证实有效，但我偏爱一种更加传统的方法，也就是花时间和团队成员及其他关键干系人相处，以此发现什么能激励他们。如果你在某个周二早上（不要选在周一，因为有些人还没从周末缓过来）投入时间聆听团队成员、与他们交流，在快乐畅饮或偶尔共进午餐时，感谢他们的贡献，你们之间的关系将强化，你也能更加了解这个人。你越了解他们，在需要激励他们的时候就更加得心应手。20 世纪 70 年代，比尔·休利特（Bill Hewlett）和戴维·帕卡德（Dave Packard）提出所谓的 MBWA 管理（management by walking around），即"走动式管理"，也被称作"惠普之道"，它就强调上面提到的技术。直到现在，项目领导者、首席执行官及各层级的管理者们，依然在使用这种方法，因为它有效。常见的项目领导者要在没有正式授权的情况下进行管理，因此尤其适用。如果你没有命令他们的权力，你就要有激励他们的能力。

庆祝。只要取得一项成就，无论大小，都应尽快予以表彰，而且是作为一个团队进行庆祝。项目刚开始时，必须克服一定程度的惰性，可以从庆祝小的胜利开始，随着项目推进，持续根据情况表彰优秀表现。许多项目领导者和团队一起庆祝里程碑的达成，或者在每个项目阶段结束、达成预定目标时庆祝。无论你采用何种方法，你都应该了解自己的团队，鼓舞士气，以此维持动力。

项目领导及团队环境

我前面已经说过，项目经理作为领导者是一个比较新的概念。就在不久以前，团队成员角色、冲突解决策略，以及团队协同被认为无关轻重。可是如今的项目领导者就需要处理这些领域。本节将介绍已经得到证实的团队领导技术，同时关注分布式虚拟团队的问题。

识别并发展团队成员角色

你是将整个团队团结在一起的黏合剂，同时你也可以被视作一个厨师，项目团队成员的角色、技能及个性就是你的食材，你要利用这些食材将团队的表现发挥到极致。这个比喻说明了一个重要的概念。随着项目推进，个体常常承担起能自然融入团队环境的角色，不会或基本不会导致任何冲突。但是，有时候化学反应明显不对，导致每天冲突不断，故意提出有负面影响的不同意见。现在领导一个项目，你需要识别团队成员的优势、缺点、特质以及模式，以建立长久的和谐。每个团队成员都自有其作用，通常是职能或主题专业人员。

要想团队配合无间，你必须观察团体的人际动态。主动一点，识别可能发生冲突的危险区。寻找机会，协调团队成员的努力，甚至可以成立次团队，使他们的才能相得益彰。你的目标应该是提升协同水平，尽可能提高团队表现。系统的一个常见定义是："整体大于部分之和。"作为项目团队领导者，这应该是你努力的目标，一刻不能懈怠。

确定适当的冲突解决方法

所有项目团队都会出现冲突，我前面也说过，其中大部分是健康的、正面的。只有当冲突妨害项目工作和关系的时候，你才需要采取行动。在一个项目中，个性问题、优先级冲突、干系人分歧、时间紧张以及技术问题都可以是冲突产生的原因。项目领导者处理这些问题的方式，将是确定其效率的一个决定因素。我们大多数人都会形成属于自己的冲突处理风格。本章前面也说了，这会形成一个舒适圈，妨碍你灵活变换风格以适应情境的能力。苏珊·琼达（Susan Junda）阐述了五种解决项目冲突的方法 [《项目团队领导：通过出色的沟通建立承诺》(*Project Team Leadership: Building Commitment Through Superior Communication*)]。

- 回避，通常称作"逃跑反应"，即个体将问题推后、退出情境或者完全避免冲突。
- 迎合，即排除一切只满足对方的需求。
- 让步，即找到"中庸之道"，双方各让一步。
- 合作，双方合作达成互相受益的解决方案，也就是所谓的"双赢"。
- 强迫／竞争，这是所谓的"要么照办，要么滚蛋"方法，其中一方对自己的立场寸步不让。

你的任务是根据项目冲突场景决定哪种方法最合适。如果你真正花了心思了解追随者，这项任务将轻松得多。外部冲突要求你更加彻底地评估人和情境，这样才能做出明智的决定。无论选择哪种方法，都要记住：关注事实，而不是沉溺于情绪。

领导项目状态会议

项目状态会议的重要性被低估了。是的，大多数组织都花费太多时间开太多的会，但是状态会议对项目成功至关重要。如果每个 CEO 都能意识到，无效会议浪费了太多的时间和金钱，每个人可能都会接受培训，学习如何做一个高效会议的领导者或参与者。项目领导者应负起责任，确保状态会议高效、有效且富有成效。

下面是有效举行项目状态会议的几条最佳实践：

提前准备；不要把宝贵的会议时间花在准备上。
制定会议基本规则，例如：

- 将参会人员数量降至最低（足够开会即可）。
- 共识（为避免僵局，可规定只要五个成员同意，会议就继续推进，相关议题可留待日后再讨论）。
- 忘掉头衔，没大没小（有必要重申）。

- 保密（在会议室说的一切都留在会议室）。

- 一次只有一个人发言。

- 准时开始，准时结束。

- 安排一个计时员，帮助你遵守议程。

- 找一个记录员记录并分发会议记录。

- 注重参与，确保每个人的声音都被听到。

- 不允许节外生枝的讨论。

- 关闭所有电子设备，或者调成静音。

制定基本规则后，务必让所有团队成员都同意。如果你采用强迫的方式，不会有人遵守。有些项目团队会更换记录员，这不太好。如果你只安排一个固定的记录员，这个人就能养成及时记录及分发会议记录的高效习惯。如果让人轮流担任，每周都会产生不同风格的会议记录，而且没一个人能做到高效。

和虚拟团队合作

"布鲁塞尔，我们遇到一个问题。"我记得有一次，在决定暂停每周视频会议后，曾跟一个团队成员说过这句话。当时我还不了解我的全球团队面临怎样的交流障碍。不用说，后来那个决定被推翻了。如果你的团队分布在不同写字楼，或者分散在全球，你应该识别具体的挑战，想办法克服。

大部分虚拟团队都面临独特的障碍，或者障碍更可能出现在分散的地理环境中。每个层面的沟通都可能变成一种艺术、一种科学、一场马戏或者一次折磨。当团队成员不在一起，"厘清问题"本身都将变成一个项目。在信息传递和"翻译"过程中，本意可能丢失，它们会掉进一直存在但往往看不见的缝隙里。添加多文化或多语言团队成员，这些成员可能形成派系。如果不能发现文化差异，反而任其加剧，可能会阻碍团队团结。工作习惯、规程及风格上的差异更加普遍，也更加重要。

为战胜这些额外的挑战，你必须回归基本，也就是理解你的团队成员和干系人。坚持项目启动会议采用面对面方式，这可能非常困难，大量人员需要出差的时候尤其如此，但是面对面开会对团队凝聚力以及未来的士气至关重要。之后你就会明白，必须要说服管理层或项目推动者接受这件事。如果你试图说服，先评估出成本和收益，然后反复给他们过目（曾经有一次我试了六次才终于得到首肯）。

如果你所在的组织缺少最新的虚拟沟通工具，那就做一个"祥林嫂"，通过强调成本以及过往项目、过时设施带来的负面效果，说明升级的必要性。

随着项目推进，应尽量创造机会让团队成员之间非正式互动，弥补日常互动不足的问题，有助于打破障碍。

本章要点

- 你在领导他人时越是敏捷，项目成功的机会越大。

- 说到做到以及在工作关系中保持一致非常重要。

- 鼓励冒险、消除失败恐惧以及建立正面的异议文化可以让你成为一个更加高效的项目领导者。

- 你的工作是了解自己的团队，鼓舞士气，以此维持动力。

- 作为项目领导者，你需要识别并发展团队成员的角色，确定合适的冲突解决方法，领导项目状态会议，以及与虚拟团队合作。

练习

分析你所在组织的项目环境。

列一个清单，即有助于项目成功的 10 个项目领导特征。

从上述清单中，选出 3 个最重要的特征。

将这个清单与你自己的能力作比较。

你哪些特征最厉害？

哪些还有待提高？

第 15 章　项目收尾

大多数项目经理都不能很好地为项目收尾。再重申一次，就算过程和工具都不难理解，有时候要想达成实际目标也并不容易。项目收尾需要纪律。想想你可能有过的一个经验：你跑步接近终点线时是怎样一种状态？许多人会松懈下来，放慢速度，好像已经越过了终点线。你家房子快装修完成时，你或者你对象是怎样一种状态？我曾经装修书房，其他地方都弄好了，只剩下天花板一个角落没有粉刷，结果一拖就拖了三年半！

　　当项目接近完成，进入收尾阶段时，请记住，"自律"是关键。这个项目，你可能已经搞了半年、一年，甚至是五年，你已经厌烦了。或者，除了这个项目，你手上还有别的项目，其中一个截止时间就要到了，还有一个关键路径深陷麻烦之中（见第8章）。又或者，你手上还有职能工作，你的经理一直打电话、写邮件询问进度。你可能有一箩筐原因，想着别管了去干别的吧，但是我多年项目管理的经验教会我，要慢下来，小心谨慎地管理我的项目，直到越过终点线为止。

两类项目收尾

项目收尾活动通常可分为两大类：合同收尾和行政收尾，可能存在重叠，但是合同收尾通常涉及正式的文件，行政收尾则有很多层面。

合同收尾指完成合同、采购订单及第三方协议等规定的要求。大部分外部活动属于此类。

行政收尾指完成项目内部事务，包括：

- 移交可交付成果。看似常识，但我不止一次看过，明明工作做得非常出色，而且已经进入庆祝模式的项目团队，却忘了将项目产品移交给客户。严格来讲，这个时候移交，项目已经算逾期了。有些案例中，项目逾期还会遭到罚款。可交付成果没有移交，通常是因为没人负责这项任务。请记住，客户在可交付成果上签字之前，项目都不算完成。

- 创建团队成员绩效文件。一些项目团队成员可能超出预期，表现格外优秀。还有些人虽在团队里，但对项目工作几乎没有影响。务必奖励表现最优秀的成员，可以发一笔福利或礼品券，也可以向高层管理人员为该成员写一封嘉奖信。你可以与人力资源部合作，设计一种适当的感激方式。这是对未来的一种投资，因为，你可能再次与这些团队成员合作，你一定希望他们到时候也是干劲十足。

- 在项目信息及文件储存库中收集并归档项目记录。毋庸置疑，关闭当前的项目很重要，但是收集并归档项目记录对未来的类似项目也大有帮助。别让你的经验教训永远消失在不确定的记忆中。应归档的记录通常包括：

- 项目规划
- 通信往来
- 变更控制日志
- 风险登记表
- 行动 / 问题日志
- 质量文件
- 沟通计划
- 项目采购报告

* 解散项目团队。项目完成后，为了团队成员及他们的职能经理，你需要做到平稳过渡，因为你和职能经理可能还要再次共享相同的资源。一旦项目工作完成，你要知道你的人力资源（你的团队成员）要返回他们的职能部门，而不是回到你的项目。及时且准确地解散项目团队很重要。

* 总结项目完成之后的偏差数据。这包括项目的范围、进度及预算。这可以帮你理解项目绩效，开始为未来项目总结经验。你的范围超标了吗？你提前完成了项目吗？预算是否超标？

- 将所有报告处理完结，包括财务报告。不要留下任何"烂摊子"。我曾接到诺斯罗普·格鲁曼一个员工的电话，当时我已经离职一年左右。他在电话里让我给一个项目的财务报告签字——这个项目是在我离职之后才完成的。这是一个非常尴尬的电话，但还好，我可以让他去找我的继任者。你若遇到这种情况，可能就不如我这么幸运了。

- 将监管报告提交给适当的机构。有些行业和项目是受到高度监管的，如果你的项目属于此类，那务必明确指定一个团队成员来完成这些任务。

- 感谢干系人。当前的干系人，未来也可能再次成为你的干系人，因此要养成感谢干系人的好习惯。只是打一个电话或写一封邮件就能巩固未来的关系，何乐而不为呢？

- 总结并记录经验教训。务必分析项目做得好的方面，以及有待提高的部分。

创建一个项目信息及文件储存库

项目经理应创建一个中央储存库，存放所有项目信息及文件。过去，我们使用多层文件夹来记录项目成熟路径，信息和文件数量逐渐增加。我会默认你现在电脑里有一个电子文件来实现这个目标。如今，组织使用先进程度不同、能力不同的信息系统来存放项目信息及文件。2016 年时，你很可能采用云端硬盘、文件目录、文件柜或特定的软件数据库。

这里的要点是利用你所在组织提供的信息技术来创建一个中央储存库。你可以在自己的个人电脑、笔记本电脑、平板甚至你的手机上创建（取决于数据的性质）。创建储存库，定期存入内容，另外，记得同时在技术及团队两方面做冗余备份。你的系统可能崩溃，你的团队成员可能离开，你应该不希望丢失项目历史记录。

创建经验教训分析

项目经理要得到持续提升，最简单的方式就是分析经验教训。你所在组织可能称其为"验尸"，我习惯称其为"项目完成后的审计"或"经验教训分析"。无论你用哪个词，这个分析必须在项目收尾阶段完成，这样你就能积累经验，获得成长。表15-1展示了一个分析示例。

表 15-1 经验教训分析

编号	类型	条目	描述	评论
1	有待提高	沟通	需要更加频繁地通报最新状态；通信必须更加高效。	制定共同计划。
2	有待提高	PERT 时间估算（见第 7 章）	时程估计过于乐观。	调整 PERT 估算，以获得更准确的结果。

表 15-1（续）

3	接受	风险管理	大部分风险都被风险管理计划预料到了；及时实施了应急计划，并且计划有效。	不适用
4	接受	WBS 结构	项目范围定义清晰，限制了范围蔓延。	不适用

从上表可以看出，经验教训分析图表的设计很简单，但是完成分析并不容易。回忆项目期间好的经验总是让人愉悦，但是，差错回忆起来却很痛苦，要想做好，需要项目经理及团队做一些反省。这也是项目经理作为领导者的一个例子：你必须强调所有人持续提高及个人成长的重要性，借此激励你的团队，让他们做这个分析时下点功夫。你和你的团队必须合作制定一个周密的图表，确保每个项目完成后都有所提高。

我的建议是，在倒数第二次会议时制定经验分析图表。这样你和你的团队既不会失去动力，也不会在开始其他工作后，又强行让你们重新关注前一个项目。许多项目经理都是等到项目完成、尘埃落定后才开始，但我发现这种做法效率不高。

我也鼓励我自己的团队，在项目进行过程中，就实时记录一个"有待提高"及"接受"的条目清单。这可以让我们在制定图表时占得先机，在经验教训会议上，该清单也可作为议程的主轴。不要等到最后一次会议再来分析经验教训，将最后一次会议留作庆祝！即使项目并非大获成功——就算结果更糟——也要庆祝团队完成了一些艰难的任务。

最后三条建议是：

- 如表 15-1 所示，你可以在将"有待提高"和"接受"条目分列成两组。这通常只是一个风格问题，取决于你的个人偏好。

- 将"有待提高"条目标为红色，"接受"条目标为绿色。这并不只是一个快速的参考标记，也与目前项目环境中常用的交通信号灯（红黄绿三色）跟踪方法一致。

- 在你所在组织的内联网创建一个全面的项目管理经验教训数据库。如果你手握权力，请务必执行。如果你位低权轻，那你可以试着做实现此事的主要推手。鼓励所有项目经理贡献"有待提高"及"接受"条目，通常采用匿名上传的方式，因为大多数人都不愿真诚地在组织内对自己所犯错误广而告之。这样做并无不妥，在我的咨询生涯中曾和许多组织合作，都能成功践行这个理念。我只是强调一个事实：水涨船高，每个人都能从其他人那里学到东西。

核验项目收尾检查单

可能经过数周、数月或数年你才终于进入项目尾声。你渴望和团队一起庆祝，但是你知道暂时还不行，因为你还没核验项目收尾检查单。在核验检查单并确认所有操作都完成之前，我不会休息。我建议这项活动也在倒数第二次会议上完成（放在经验教训分析之后）。如果整场会议都被经验教训分析占用，那你应该再单独召开一次会议，因为核验检查单非常重要。

多年前，在我创建项目收尾检查单时，我学到一个最佳实践。

如表 15-2 所示，首先，创建一个适用于所有项目收尾的清单。这将是你检查单的核心，清单的条目数量由你典型的项目工作决定。

表 15-2　项目收尾检查单

条目	负责人	行动	状态
1	Steven	内部文件完成并归档	×
2	Laurie	所有变更请求都已关闭并归档	?
3	Rocco	所有财务报告都已完成	×
4	Rocco	所有项目合同都已关闭	×
5	Molly	技术文件完整	×
6	项目经理	客户已在项目可交付成果上签字	×
7	Steven	项目庆祝时间已确定	×

× = 已完成
? = 未知

然后，在项目进行过程中，持续往清单里添加行动，例如：

- 第一阶段结束时，添加两项必须完成的行动，在项目收尾时进行确认。
- 第二阶段结束时，添加一项行动。
- 第三阶段结束时，添加三项行动。

在项目收尾时，你要创建一个囊括所有的行动检查单，然后你和你的团队回顾项目期间的"所作所为"，证实所有行动都已完成。这个过程中，要回答"我们做得怎么样"这个问题，一问一答之间你和你的团队将有所提高。我的经验是，总会有一两项行动会有疑问。当核验这些有疑问的行动时，项目团队偶尔会发现，有一两项行动没完成。要么是没人负责这项任务，要么是由两个团队成员负责，结果两人都以为对方完成了任务。无论实际情况为何，这都是一个强大的冗余检查（项目收尾时反复出现的一个主题），可以确保你和你的团队完成了所有必要的行动。

现在，你可以结束这个项目往前走了。不过，你也不要高兴自满太久，因为你手上很可能还有两个项目正在做，另有一个项目等着你去做。

处理夭折项目的收尾

项目提前终止或取消司空见惯。提前收尾的原因多种多样。就我的经历及观察，最常见的原因通常包括以下一种或多种：

- 因为组织内优先级转移，项目优先级被降低。
- 项目钱用光了，山穷水尽。
- 市场形势转变，导致项目可交付成果过时。
- 组织政治导致项目取消。
- 已经非常确定项目可交付成果不能用或者将与期望不符。
- 已经非常确定技术无效。
- 你的老板或项目发起人改变了主意。
- 你的项目命运受到了诅咒。（这是个莫须有的原因，然而我们所有人都常常产生这个念头。）

不论什么原因，这个项目还是要跟全须全尾的项目一样，必须收尾，这需要制定一个提早终止/取消图表，如图 15-1 所示。你必须完成项目收尾的所有任务，和其他任何项目一样，唯一的区别是提早收尾。

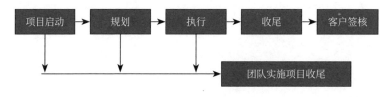

图 15-1
提早终止 / 取消图表

这个图表强调了一个要点，也就是不论项目何时提早终止，项目经理和团队都必须正式关闭项目，应包括本章介绍的所有步骤。你和你的团队在执行收尾过程时，务必一以贯之地采用一个正式的方法。

本章要点

- 讲纪律！大多数项目经理都会快速跳过收尾过程。务必遵守收尾流程。

- 执行所有合同及行政收尾活动。

- 创建一个中央信息及文件储存库。

- 执行经验教训分析。积累成功经验，避免再犯同样的错误。

- 创建并核验你的项目收尾检查单。

- 记住，客户签核之前，你的项目都不算结束。

- 庆祝！！！

第 16 章　如何在你的公司有效实施项目管理

知道如何管理项目是一回事，让团队成员真正做项目工作是另一回事。"裸奔"似乎比凡事都按照本书介绍的方法制定规划、排定时程、实施监控容易得多。就算有人花三四天参加项目管理研讨课，他们也会很快把学到的东西忘得一干二净，然后一夜回到解放前。

我和这个问题已经斗争了 20 年，最后终于找到了一些答案。下面是一些建议，可以让你在公司有效实施项目管理原则：

- 50 年前，威廉·爱德华兹·戴明博士就认识到，如果你不能让最高管理层参与项目，项目将不会长久，而且不能让他们只是口惠而实不至。汤姆·彼得斯在其著作《乱中求胜》（*Thriving on Chaos*）中说，如果高管想要公司达成什么目标，那就必须改变自己的行事历：必须花时间谈论项目管理，列席项目规划或总结会议，开始看下属的项目笔记本，询问项目进行得如何，等等。换句话说，高管必须对这个问题表现出兴趣。

- 公司的绩效考核必须包含一个条目，也就是评价项目经理是否使用了最佳管理工具。如果践行最佳方法，就给予奖励，如果有必要，需惩罚那些做不到的人。但是，要注意的是，上级管理人员千万不要妨碍经理们践行良好做法。

- 让整个团队接受基础培训大有助益。毕竟，当你要求团队成员为他们的项目工作做一个 WBS 时，如果他们从没听过 WBS 这个词，那他们肯定做不好。我发现，通常项目经理需要接受最少三天或四天的项目管理培训，团队成员大约需要两天培训。

- 我发现，高层管理人员应该对原则有个简短大概的了解，这样才能知道现实的期待是什么。项目失败最常见的原因之一是，高层管理人员不切实际的期望。然而，我发现大部分高层管理人员都太忙了，你大概最多只能把他们聚在一起 3 个小时 —— 就这样还不一定能做到。最后我们录制了一段简报，并且把它剪到了 1 小时 15 分钟，足够让日理万机的高层了解到，如果要支持并推动我们的工作需要知道些什么。如今的高管们应充分利用数量众多的在线培训工具。

- 培训完成后，选择一个成功概率高的项目 —— 不要挑战最难的工作，失败的概率太高 —— 并且，让你的培训师 / 顾问带领团队完成那些步骤。我发现这个手把手教的阶段很有必要（我合作过的许多大公司就是如此）。让人帮助团队实践所学的内容真的大有裨益。所有新的流程在首次尝试时，都会觉得举步维艰，一个外部专家会让事情更加顺利。此外，局外人可能比团队成员更客观。

- 安排小的胜利。忘掉帕累托法则，在这个例子中，即便从经济学的观点来看，该法则也是不对的。根据帕累托法则，你应该首先解决最重要的问题，然后再去解决简单的问题。从经济学角度看似乎很不错，但事实并非如此。该法则忽视了一个事实：最大的问题可能也最难解决，失败的可能性也更大，人们也更可能灰心丧气，进而放弃。排名第十的队伍绝对不想首场比赛就遇到种子队伍，它肯定更想和排名第九甚至第十一的队伍打比赛。不要把团队推上被"秒杀"的命运！

- 在项目进行过程中，多多实践走动式管理，但是要调成协助模式，而不是问责惩罚模式。对于问题刚出现就告知的行为给予奖励，避免问题变成灾难后才让你知道。但是也不要太早伸出援手，给一点时间让他们自己解决问题，让他们及时向你通报就行，告诉他们需要帮助时就提出来。扮演"资源"而不是警察的角色。

- 实施过程总结来学习，并在任何可能的时候努力改进。

- 如果你在团队里发现一个"问题儿童"，那尽快和这个人接触。如果你不知道如何处理这个问题，就向有经验且能提供帮助的人请教。不要忽视这个问题，因为它能毁掉你整个团队。

- 要非常主动，而不是被动。占得先机，为你的团队成员消除路障，为他们提供支持。

- 让团队成员就自己的工作向高层管理人员做简报，承认他们的贡献，建立全权负责制。

- 如果你负责的项目，团队成员是临时指派，仍然需要向他们自己的上司汇报（矩阵式组织），要让上司知道他们在做什么。和这些上司建立良好的关系，你可能需要他们的支持才能完成任务。

- 项目关键路径上的任务，可能必须战略性地安排人员来完成，这样你就不用一直让他们脱身出来做别的工作。如今，越来越多的大公司在一些非常重要的项目上采用这种方法。

- 可以考虑设置一个项目支持人员或办公室，专门为项目经理们排定时程。与其让所有人都努力掌握时程软件，不如培训一两个人熟练掌握，只有受过足够培训的人才能精通软件。这种情况下，项目经理将原始数据交给支持小组，支持小组将数据输入电脑，得到时程表并交给项目经理，然后再进行修改直到完善，接下来所有的更新、假设分析等也都交由支持小组完成。

- 同样的思路，也可以安排一个项目管理员。这个人要么亲自做项目支持，要么委派他人做项目支持。管理员还需列席项目总结会议，带领团队成员完成规划及审计等等。不用说，你需要领导相当数量的项目（至少 10 到 20 个）后才能胜任这一职位。当管理项目的人管理经验匮乏或者人际技能不佳时，管理员这一角色将很有帮助。

- 对标其他公司，看看他们如何管理项目。需要注意的是，当你发现有其他公司不践行良好做法，不表示你也有理由抛弃良好做法。我知道有一家大型公司不追踪项目实际工作，但是该公司极为成功。然而，不追踪工作终究会引爆问题。而且，该公司其他许多方面做得非常好，我会毫不犹豫地对标这些方面。

- 安排人员担任项目管理过程不同部分的负责人。例如，你可以指派一个挣值负责人，让他努力获得公司上下一致的认可，这样所有团队成员就能采用相同的方法。还可以有人负责 WBS 标记等。

- 加入项目管理协会，参加协会分会议，以及向其他专业人士学习更多项目管理知识。

- 阅读最新的管理书籍，收集一切可以帮你提升的资料。项目管理是一项要求非常高的工作，你需要尽可能获得更多帮助。

- 可以考虑将组织结构转变为基于项目的结构。告诉所有职能经理，他们的存在就是为了服务于项目。许多人可能会抗议，甚至会有人退出，但是，在当今世界，这非常合理，因为组织内大部分事情都是通过项目的形式完成。

- 设置项目管理职能，由专门的项目经理出任。你不会让所有人都做会计，不是每个人都擅长，项目管理也是如此。将项目管理变为众多职能中的一项，可以让专门的人员精进技能，精通业务。要进一步了解这个主题，罗伯特·格雷厄姆（Robert Graham）和兰德尔·L. 英格伦（Randall L. Englund）合著的《为项目成功创造环境》（*Creating an Environment for Successful Projects*）一书是非常好的参考。

- 将项目管理视作一项挑战，甚至是一场游戏。如果项目管理无法戳中你，很可能也不会令你兴奋异常。试验新的方法，找出什么有效，并加以保持，无效的就抛弃。

最后，祝你好运！

练习参考答案

第 1 章

1. c

2. d

3. a

4. b

第 3 章

你应该在开始执行面规划前确定战略。此时就要制定战术以执行战略，同时规划后勤，这样大家才有执行战术所需的条件。

第 6 章

从以下方面检查你的答案：

优先级因素：可能性与影响

记住：

有些风险无法预防，但是可以减轻。

如果风险发生，你的应急计划应是具体的行动。

你的触发点应该直接与应急计划有关。

第 7 章

露营工作分解结构：

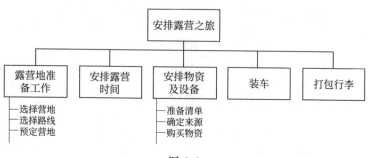

图 A-1
露营工作分解结构

第 8 章

工作分解结构答案

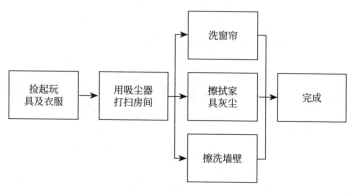

图 A-2
打扫房间的箭线图

第 9 章

时程表练习答案：

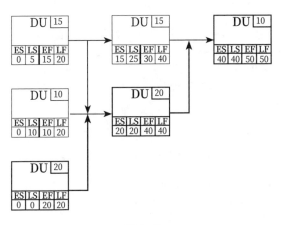

图 A-3
时程表练习答案

第 11 章

参考本章内容，检查你的变更应对。

第 12 章

1. 进度落后了价值 160 元的工作。

2. 超支了 240 元。

3. 将超支 416 元。

第 14 章

参照项目完成之后的"经验教训分析"，做完这个练习之后，你也可以强化自己最厉害的项目领导特征，提高有所不足的特征。

图书在版编目（CIP）数据

项目管理基础：非项目经理人如何提升项目成功率 /
（英）约瑟芬·希格尼著；聂亚舫译 . —— 北京：九州出
版社，2022.2（2023.7 重印）

ISBN 978-7-5225-0683-8

Ⅰ . ①项… Ⅱ . ①约… ②聂… Ⅲ . ①项目管理
Ⅳ . ① F224.5

中国版本图书馆 CIP 数据核字 (2021) 第 245151 号

Fundamentals of Project Management, 5th Edition.
Copyright © 2016 Joseph Heagney.
Published by AMACOM, a division of American
Management Association, International, New York.
All rights reserved.

著作权合同登记号：图字 01-2021-6553

项目管理基础

作　　者	［英］约瑟芬·希格尼 著　聂亚舫 译
责任编辑	王　佶　周　春
出版发行	九州出版社
地　　址	北京市西城区阜外大街甲 35 号（100037）
发行电话	（010）68992190/3/5/6
网　　址	www.jiuzhoupress.com
印　　刷	嘉业印刷（天津）有限公司
开　　本	889 毫米 ×1194 毫米　32 开
印　　张	9
字　　数	150 千字
版　　次	2022 年 2 月第 1 版
印　　次	2023 年 7 月第 4 次印刷
书　　号	ISBN 978-7-5225-0683-8
定　　价	52.00 元